Stawroula Exouzidou

Gastarbeiterkind

Geschichten aus der Vergangenheit
Erinnerungen und Gedanken

NOEL-Verlag

Originalausgabe
Mai 2024

NOEL-Verlag GmbH
Achstraße 28
D-82386 Oberhausen/Obb.

www.noel-verlag.de
info@noel-verlag.de

Die Deutsche Bibliothek verzeichnet diese Publikation in
der Deutschen Nationalbibliografie Frankfurt und Leip-
zig, ebenso in der Bayerischen Staatsbibliothek in München.

Autorin: Stawroula Exouzidou
Covergestaltung: NOEL-Verlag
1. Auflage
Printed in Germany
ISBN 978-3-96753-190-9

Inhaltsverzeichnis

Vorwort

Vorliegendes Buch enthält 13 Erzählungen – teils traurig-tragisch, teils lustig-humorvoll.

Jede dieser Erzählungen kann für sich alleinstehen, losgelöst von den 12 anderen vom Leser gelesen und verstanden werden.

Allerdings entsteht durch die in den verschiedenen Geschichten sich wiederholenden Bausteine der narrativen Erzählstruktur mosaikartig ein Gesamtbild vom Dorf und seinen Bewohnern, indem der Leser inhaltliche Elemente wiedererkennt und dadurch mit der Konfiguration und der Deskription immer vertrauter wird.

Außer den Geschichten, die meist durch einen Rahmen der Erinnerung eingeleitet werden, kommen ergänzend zur Handlung darüber hinaus die mit kritischer Distanz betrachteten Ansichten und Gefühle der Autorin zu bestimmten Traditionen und Konventionen zum Ausdruck. Diese philosophisch-kritischen Zeilen offenbaren die Gedanken des Gastarbeiterkindes, geben Anlass zum Nachdenken und heben das Werk über reine Prosaerzählungen hinaus.

Jörg Lehwald

Hellas-Express

Endlich Sommerferien! In Griechenland dauern sie ca. drei Monate, von Mitte Juni bis Mitte September, da es sehr heiß ist und ein Lernen dadurch eine Qual wäre.

In ländlichen Gebieten gibt es immer reichlich Arbeit: ob das allgemein die Feldarbeit ist wie Pflügen, Eggen, Säen usw. oder verstärkt die Arbeit in der Erntezeit der verschiedenen Produkte wie z. B. Nektarinen, Pfirsiche, Äpfel, Orangen, Auberginen, Paprika, Gurken, Zucchini, Weizen, Mais und Walnüsse.

Ganz besonders wichtig ist das Sammeln von Süßkastanien. Warum? Es gibt sie hier so zahlreich, weswegen auch das Dorf, in der diese Erzählung spielt, Kastaniendorf genannt wird, was auf Griechisch Kastanoussa heißt.

In der Gegend, in der ich groß wurde, gibt es kaum Tourismus, da das Meer, welches die Touristen lieben, eine gute Autostunde entfernt liegt.

Meine Eltern lebten mittlerweile in Deutschland, wir Kinder, das sind mein Bruder Wassili und ich, bei Opa Michael in Griechenland.

Es war das Jahr 1965. Meine Eltern konnten nicht in ihre Heimat nach Griechenland reisen. Sie bekamen keinen Urlaub. Außerdem wünschten sie sich so sehr, dass wir Kinder längere Zeit bei ihnen bleiben würden und da dies durch die Schulferien nun möglich war, sollten wir Kinder nach Deutschland zu den Eltern kommen. Und nicht zu vergessen: Kinderfahrkarten waren günstiger als die für Erwachsene. Sparen war in diesen Zeiten immer angesagt.

Mein Bruder war neuneinhalb Jahre alt, ich acht.

Opa regelte alle zuvor nötigen Erledigungen für die Abreise: Pass, Fahrkarten, polizeiliches Führungszeugnis und die Erlaubnis, dass wir als Unmündige ohne Begleitung verreisen durften, was ja von den Eltern geplant und gewünscht war.

Es stellte für Opa eine große Prozedur dar, all diese Wege zu belaufen, da er nicht motorisiert war und alles mit Hilfe unserer Eselin Arab regeln musste.

So musste er zum Beispiel zweimal in die Nachbarstadt Rodopolis, einen kleineren Ort mit nur ca. 1000 Einwohnern, der drei Kilometer vom Dorf entfernt lag. Hier befanden sich viele Filialen von Ämtern, die zur Präfektur Serres gehören. Das erste Mal lief er dorthin, um alle notwendigen Anträge für die Reise zu stellen, das zweite Mal – zwei Wochen später – um alle Dokumente abzuholen. Gut, dass es Arab gab.

Sie diente ihm in allen Belangen, ob als Nutztier oder einfach auch nur als Gesellin. Opa sprach mit ihr, wenn er stundenlang allein mit dem treuen Tier in der Gegend unterwegs war. Er schätzte das Tier und wusste stets, wo seine Grenzen waren. Dieses Hin und Her kostete Opa nicht nur Zeit, Nerven und Energie, sondern auch Geld; denn in Griechenland – ob bei Ämtern, Polizei oder Ärzten – muss man immer extra zahlen, damit man überhaupt weiterkommt. Ohne diesen von den Orientalen ,Bakschisch' und von den Griechen ,Fakelaki' genannten ,Türöffner' ist die Wartezeit dreimal so lang, bis man, wenn überhaupt, an der Reihe ist.

Endlich kam der Tag der Abreise! Es war Dienstag, der 22.06.1965. Schon am Vortag mussten wir ganz früh aufstehen, um mit dem einzigen Zug, der von Alexandroupolis an der Grenze zu Konstantinopel nach Thessaloniki, der Hauptstadt im Norden Griechenlands, verkehrt, zu fahren.

Dieser Zug fährt übrigens bis heute täglich noch einmal morgens hin und einmal abends zurück. Es ist die einzige Verbindung zwischen den ländlichen Regionen und der Großstadt. Ein Taxi als mögliche Alternative war unbezahlbar und einen eigenen PKW besaßen die meisten Bauern nicht.

Der Zug ‚Hellas Express' fuhr um 5.00 Uhr am Morgen des nächsten Tages ab. Wir mussten also alles rechtzeitig angehen, um den Zug nicht zu verpassen, da andere Transportmöglichkeiten Opa sich nicht hätte leisten können. Obwohl er keine Schulbildung genossen hatte, bekam er alles hin und wunderbar organisiert. Ja, Opa war ein Macher und kein Schwätzer. Wir waren pünktlich vor Ort, d. h. fast 15 Stunden eher da und zählten die Stunden, die noch bis zur Abfahrt blieben.

Der Hauptbahnhof von Thessaloniki war groß und alt; man konnte die Spuren der bisherigen Besatzer erkennen: mal die von den Türken aus der Türkenherrschaft in Griechenland, mal die der Venezianer und die der Deutschen aus dem Zweiten Weltkrieg. Thessaloniki war und ist bis heute noch die große arme Mutter vieler Nationen. Hier treffen sich etliche Nationalitäten und Kulturen und hinterlassen ihre bunten Noten und Spuren. Die Stadt ist die zweitgrößte in Griechenland und einmalig in ihrer Art.

Müde und hungrig warteten wir, dass die Zeit verging. Es gab keine Möglichkeit sich irgendwo hinzusetzen. Die wenigen Sitzbänke waren sehr dicht von anderen wartenden Menschen belagert, sodass allein der schmutzige Boden als mögliche Sitzgelegenheit oder für ein kleines Nickerchen übrigblieb.

Gottseidank, der Betonboden war relativ warm. Die Strapazen der Fahrt, die ratternden Geräusche der schon sehr alten Züge, die kaum geölt und schon eingerostet auf den Gleisen rollten, das Gewirr der vielen Stimmen der Passagiere, die ein- und ausstiegen, das grelle Licht der Bahnhofsbeleuchtung, all das machte uns Angst und führte dazu, dass wir wieder zurück ins Dorf wollten, wo uns alles vertraut war. Opa beruhigte uns und sagte, die meiste Wartezeit wäre bereits vorbei.

Gegen 4.00 Uhr kam endlich der Zug. Pünktlich.
Alle Fahrgäste, die ausstiegen, kamen aus Deutschland. Erschöpft und ungepflegt drängten sie sich aus den Türen der Wagons. Einige wurden abgeholt. Vor der Weiterfahrt sollte der Zug noch schnell gereinigt werden. Dafür blieb bis 5.00 Uhr für die drei dafür verantwortlichen Putzfrauen nicht viel Zeit, wenn man bedenkt, dass der Zug um die zehn Wagons mit je drei Abteilen für je acht Reisende plus eine Toilette pro Gang hatte.
Außerdem waren die Reinigungs- und Hygienehilfen mehr als primitiv und mit der heutigen Zeit gar nicht vergleichbar.
Kurz vor 5.00 Uhr stiegen wir endlich in unser Abteil ein. Opa stieg kurz mit ein und hievte den kleinen

Koffer, den wir uns zu zweit teilten, nach oben auf die Gepäckablage über den Sitzen, drückte uns und verließ schweigend das Abteil. Er weinte.

Seine blauen Augen leuchteten nicht mehr, sie waren verschwommen und dunkel. Sein Gesicht wirkte sehr müde, die Schultern hingen schlaff herunter, der Kopf war nach unten gesenkt. Opa war traurig. Der Versuch, ein Lächeln zu zeigen, misslang. Er winkte uns zu. Der Zug fuhr an, wir hingen noch lange im Fenster und winkten Opa so lange zu, bis wir ihn nicht mehr sehen konnten.

Dieser Abschied hat mich sehr geprägt und mich damals innerlich sehr aufgewühlt. Meine Aversion gegen Abschiede nahm damals ihren Anfang.

Obwohl ich wusste, wir würden bald wieder zurückkommen, war es ein merkwürdig schmerzendes Gefühl für mich, Opa alleine am Rand der Gleise stehen zu sehen und zurücklassen zu müssen. Seine Gestalt wurde immer kleiner, bis ich sie schließlich nur noch vermuten, ja erahnen konnte. Ich begann bitterlich zu weinen. Mein Bruder versuchte mich zu beruhigen. Andere Erinnerungsbilder, vermischt mit schlimmen negativen Gefühlen, kamen auf. Wie oft habe ich an die unvorbereitete Trennung von meinen Eltern vor vier Jahren – damals war ich vier, Wassili gut fünf Jahre alt – gedacht?! Wie viele Male habe ich dieses Trauma der qualvollen Trennung durchlebt?! Wie oft sind dabei unzählige Tränen geflossen, habe ich nach Mama und Papa gesucht und geschrien?!

Ich hasse Abschiede, ich ertrage keine Trennungen mehr! Und grade ein Ort wie der Hauptbahnhof ist ja ein mir solch unlieber Ort der Abschiede – ein Ort des Kommens und Gehens, genau wie das Leben selbst. Du bist heute da, morgen weg und übermorgen schon vergessen. Natürlich nicht bei allen Menschen, nicht bei denen, die dich geliebt und gebraucht haben. Wenn auch diese nicht mehr da sind, dann schwindet die Erinnerung an dich ganz. So ist das Leben. Trennung und Verlust bis zum Schluss. Zum Leben brauchst du Kraft, zum Sterben aber auch. Mein ganzes Leben lang habe ich Abschied nehmen müssen: ob es die Eltern waren, Freunde, Schulkameraden, schöne Urlaube, Verstorbene, Schüler aus meiner späteren Berufszeit, Kollegen – stets Abschied! Und immer tut es weh, mal mehr, mal weniger.

‚Hellas Express‘ war unterwegs in Richtung Köln. Die Müdigkeit gewann zunächst einmal die Oberhand und mein Bruder und ich schliefen im Zug ein. Viele der Reisenden schliefen ein. Der Zug ratterte langsam daher, wackelte stark, sodass wir das Gefühl hatten, wir säßen auf einem Anhänger eines Traktors, der auf unebenem Feldweg sich vorwärtskämpft. Die Geräusche des Knirschens der Räder drangen monoton an unser Ohr und verstärkten unsere Schläfrigkeit. Auch der Geist brauchte Entspannung.

Nach ca. zwei Stunden weckte uns das Erscheinen eines Kontrolleurs, der durch die Schiebetür ins Abteil trat. Wir hatten die griechisch-jugoslawische Grenze erreicht. Skopje hieß die Stadt. Wir sollten unsere Fahrausweise und Pässe vorzeigen.

Der Schaffner, ein Mann mittleren Alters, klein, stark verschwitzt und misstrauisch guckend, forderte in einem Gemisch aus Griechisch, Jugoslawisch und Deutsch ungeduldig „Pass, Pass, Karta Treno!"

Der Mann stank nach Urin und Schweiß. Gut, dass wir saßen, sonst wären wir von diesen Gerüchen umgekippt.

Nach den überstandenen Ausdünstungen und der strengen Kontrolle spürten wir unseren Hunger.

Wassili holte für jeden von uns eine trockene Schnitte Brot und eine Tomate aus dem Essbeutel, den Opa uns mitgegeben hatte. Für uns war es lecker.

Während wir unseren Proviant aßen, fiel unsere Aufmerksamkeit zum ersten Mal auf die Mitreisenden in unserem Abteil: Ein älteres Ehepaar um die 60 Jahre alt wollte, wie wir erfuhren, zu Verwandten nach Dortmund, ein junges Paar mit Zwillingen um die vier Jahre alt, wollte nach München, um dort ein neues Leben zu beginnen. Der Mann hatte Arbeit beim Straßenbau vermittelt bekommen, die Frau war Schneiderin und konnte Beruf und Kinderbetreuung unter einen Hut bringen. Eine Tante von ihr führte bereits eine Schneiderei und brauchte Unterstützung. Somit traf es sich gut für die jungen Leute. All diese Menschen hatten null Sprachkenntnisse, was Deutsch angeht.

Der gute Wille, der Glaube an Gott und an sich selber würde ihnen schon helfen, hieß es. Natürlich gehöre dazu auch eine gute Portion Glück. Es würde aber schon werden, denn ohne Mut und Risiko gehe nichts bei einem Neubeginn in einem fremden Land. Diese optimistischen Worte haben mich sehr beeindruckt und ich habe sie in meinem Gedächtnis gespeichert.

Das Herz hüpfte vor Freude, endlich mal die Eltern wiederzusehen. Gefühlsmäßig flogen wir vor Glück, zeigten uns bereit, die Strapazen der Reise in Kauf zu nehmen und zu vergessen. Immerhin waren wir ca. 50 Stunden unterwegs in einem Abteil mit acht Personen.

Der Zug fuhr jetzt langsamer, hielt oft an. Wir wurden immer müder und hungriger. Opa hatte für uns in einem extra Beutel, falls der Zug Verspätungen haben sollte, fünf gekochte Eier, Brot, Obst, Tomaten, Gurken und Kekse eingepackt. Zu Hause in Kastanoussa gab es selten Kekse, nur an Weihnachten oder zu Ostern wurden süße Backwaren in Zopf-Form – Tsourekia genannt – gebacken.

Kurz vor unserer Abreise hatte uns Stiefoma einige einfache Kekse als Reiseproviant mitgegeben.

Vielleicht ließ sie sich zu dieser Liebenswürdigkeit auch deshalb bewegen, weil sie glaubte, in den nächsten Wochen ihre Ruhe zu haben. Auch genug Wasser hatten wir in einem Plastikbehälter mit.

Wir waren ja dazu erzogen, vor dem Essen immer viel zu trinken, damit wir schneller satt würden.

Die Zugfahrt war anstrengend. Es dauerte eine Ewigkeit, bis wir in Köln ankamen. Erst fuhr der Zug über eine riesig lange Brücke, darunter floss ein großer Fluss, dann rollte der Zug in den Kölner Hauptbahnhof ein. So viele Gleise, so viele Lichter, Lautsprecher, Menschen, die auf Angehörige zum Abholen warteten oder selber unterwegs waren! Ein chaotisches Durcheinander, ein Gedränge und Geschubse – Stress pur!

Unsere Augen suchten nach dem Vater, während der Zug langsam Gleis Nr. 10 erreichte und schließlich ruckend in den Bahnhof einrollte.

Wo ist er denn? Wo bleibt er denn?, hörte ich Wassilis weinerliche Stimme. Da! Dort ist er! Ich sehe ihn, wie auch er in den Fenstern des langsam vorbeifahrenden Zuges nach uns Ausschau hält. Mit einem alten Damenfahrrad stand er da, um uns abzuholen. Endlich kam der Zug zum Stehen. Die Zeiger der großen Bahnhofsuhr standen auf fast 22.00 Uhr.

Eilig und ungeduldig, fast hektisch, zogen wir den Koffer aus dem Gepäckfach, drängten uns aus der Tür des Abteils, kletterten aus dem Wagon und rannten zu Vater. Um auf gleicher Höhe mit uns Kindern zu sein, ließ dieser sich auf seine Knie nieder und breitete die Arme weit aus. Er wusste nicht, wen er als ersten umarmen sollte. Er riss uns beide an sich, drückte uns, den einen mit seinem rechten Arm und den anderen mit dem linken, stellte sich aufrecht, hob uns beide in die Höhe und küsste uns. Sein Gesicht war feucht, vor Rührung vergoss er Tränen. Er streichelte uns über die Köpfe und fragte, ob alles in Ordnung wäre. Unseren kleinen, ungefähr 50 x 80 cm großen Koffer packte er hinten auf den schon ziemlich verrosteten Gepäckträger des Fahrrads und dann ging es los in Richtung Wohnung der Eltern – im neuen, für uns noch ganz fremden Land.

Gegen 23.00 Uhr hatten wir unser Ziel erreicht: ein kleines altes Zechen-Reihenhaus in einer schmutzigen Gegend, ca. eine halbe Stunde zu Fuß vom Hauptbahnhof entfernt. Geschafft! Das also war ‚Germania'! Wir waren angekommen und glücklich, wenn auch die neue Heimat sich so gar nicht mit den Vorstellungen deckte, die wir zu Hause in Kastanoussa davon hatten. Jetzt erschien auch meine Mutter in der grün gestrichenen Eingangstür. Voller Freude und Glück hatte sie schon unsere Ankunft erwartet und ihre leckere Juvarlakia-Suppe, ein Gericht ähnlich den Königsberger Klopsen, gekocht. Wir konnten dies schon von Weitem riechen. Die heiße Suppe schmeckte uns nach den Strapazen der langen Reise hervorragend und holte uns wieder ins Leben zurück. Ich aß das erste Mal in meinem Leben aus einem eigenen Teller. In Kastanoussa aßen wir alle aus dem gleichen Teller oder Topf.

Selten war ich so kaputt und ausgelaugt wie an diesem, meinem ersten Tag in Deutschland.

Meinem Bruder Wassili ging es ebenso. Ausgepowert und völlig erschöpft, aber glücklich, schliefen wir Geschwister beide zusammen in der ersten Nacht in dem Bett, welches tagsüber als Sofa diente. Dies sollte auch zukünftig unsere Schlafstätte sein.

Am nächsten Morgen zeigten uns die Eltern stolz ihr Domizil. Direkt hinter der Eingangstür stand ein kleines Tischchen, auf dem ein Gas-Schnellkocher mit zwei Platten als Kochgelegenheit diente.

Daneben befand sich ein Spülbecken für das schmutzige Geschirr. Mama war hier in Deutschland inzwischen die stolze Besitzerin eines sechsteiligen Essservices sowie einer Bratpfanne und zwei Kochtöpfen geworden. Diese Sachen waren ausrangierte Geschenke der Nachbarin, Tante Jutta. Der Essraum stellte gleichzeitig das Wohnzimmer dar und wurde momentan durch unsere Anwesenheit sogar auch noch als Schlafraum genutzt. An der rechten Wand beherbergte ein alter Holzschrank in seiner linken Hälfte das Geschirr, in der rechten die Wäsche. Der sich davor befindende viereckige Holztisch mit den vier Stühlen darum diente sowohl als Wohnzimmer, als auch als Esstisch. Ein weiteres kleines Zimmer im Erdgeschoss war das Schlafzimmer meiner Eltern. Hier hingen auch einige alte Fotos aus der Heimat: Ich konnte bei einem flüchtigen Blick Oma, Opa und sogar uns darauf erkennen. Alles war bescheiden eingerichtet, aber sauber.

Eine schmale knarrende Holztreppe führte zur oberen Etage, die bei diesen Häusern schon das Dachgeschoss ausmachte. Die eine Hälfte wurde als Trockenraum für die Wäsche genutzt, die andere diente als zusätzlicher Wohnraum. Hier wohnte ein Freund von meinem Vater, Onkel Charalampos, der frisch nach Deutschland gekommen war und auf Anhieb keine Arbeit und Bleibe gefunden hatte.

Mein Vater hatte dem armen Kerl etwas Hilfe und Unterstützung angeboten. Er konnte zunächst erstmal bei ihm und Mutter einziehen, bis es ihm besser ginge. Dafür war er, bis er starb, meinen Eltern mehr als dankbar. Ja, so war mein Vater! Ein netter, lebensbejahender, lustiger und stets zufriedener ‚großer Junge‘, ohne jegliche Berechnung. Er hatte das Herz am rechten Fleck. Gott hat es ihm gedankt, denn immerhin wurde er fast 90 Jahre alt.

Im Keller befand sich ein Waschraum. Dort wuschen wir uns. Es gab weder Badewanne noch Dusche; zur Reinigung diente allein eine große Schüssel mit kaltem Wasser, in der auch gebadet wurde. In dem Waschbecken daneben wusch meine Mutter mit der Hand die Wäsche. Zwei kleine Stufen führten vom Keller zum Garten, an dessen Beginn zwei Plumps klo-Häuschen zur Verrichtung der körperlichen Bedürfnisse dienten. Dieser ‚Luxus‘ war uns nicht fremd, weil aus der Heimat wohlbekannt; getoppt wurde er aber noch durch das Vorhandensein eines für uns unbekannten Hygienemittels namens ‚Klopapier‘, dessen Zweck und Anwendung wir allerdings schnell lernten. Da das gesicherte Vorhandensein des oben erwähnten ‚Schatzes‘ mit der Zeit immer seltener wurde, musste man mit der Zeit diese so nützliche und wertvolle Rolle bei jedem Gang mitbringen und wieder mitnehmen.

Der Garten, der direkt dahinter begann, wies eine recht beachtliche Größe auf, da seine Fläche für alle Bewohner der vier nebeneinander gebauten Reihenhäuser zur Verfügung stand. An einer Stelle am Rand des Gartens nutzten meine Eltern die Möglichkeit, einige Gemüsesorten wie Stangenbohnen, Tomaten und Zwiebeln, aber auch für die Deutschen noch eher unbekanntere Sorten wie Paprika, Auberginen und Zucchini anzupflanzen.

Mama nahm sich in den knapp zwei Monaten, in denen wir bei den Eltern waren, viel Zeit für uns.

Täglich gab es etwas Leckeres zu essen, täglich probierten wir neue Gerichte wie z. B. Kohlrouladen mit Gehacktem, Sauerbraten, Bohnensuppe mit Rippchen usw. Auch Obst wie Bananen, die eine Seltenheit im Dorf waren, gab es zur Genüge. Mama nähte für mich drei Hosen, einen Rock, ein rotes Kleidchen, das ich allerdings nicht so gerne trug, weil ich mir darin wie Rotkäppchen vorkam und in Kastanoussa zum Spott der frechen Burschen geworden wäre und auch ein Jäckchen für den Winter.

Für Wassili fertigte sie drei Hosen und zwei Jacken. Jeder von uns bekam zwei Paar Schuhe, eines für den Sommer und eines für den Winter und alles zwei Nummern größer, weil man ja hineinwächst.

Für meinen Bruder und mich war es eine Umstellung, Schuhe zu tragen, da wir im Dorf fast immer nur barfuß liefen. Die gesamte neue ‚Ausrüstung‘ vervollständigten fünf Paar Söckchen in verschiedenen Farben für jeden von uns.

In den ersten Tagen blieben wir hauptsächlich im Haus und guckten von morgens bis abends Fernsehen. Dies war für uns etwas Neues und unglaublich interessant. Meine Eltern hatten ein altes Schwarz-Weiß-Gerät von ihren Nachbarn geschenkt bekommen. Im Dorf hatten wir schon mal von solchen Kisten gehört, in denen Menschen in Bildern zu sehen sind. Mit offenem Mund standen wir davor und schauten uns nun diese Bilder an. Man konnte sogar aus drei Sendern aussuchen und umschalten. Welch eine Auswahl! Wahnsinn! Nach einigen Tagen jedoch flaute die Begeisterung ab, weil ja alles auf Deutsch lief und wir nichts verstanden.

Den ganzen Tag im Hause zu bleiben, fanden wir allerdings langweilig. Wir wollten spielen, also trauten wir uns nach draußen. Neben dem Haus meiner Eltern wohnten deutsche Familien. Zu einer davon –

einige Häuser weiter – hatten meine Eltern guten Kontakt. Es war die Familie Heinrich. Die Frau, von uns liebevoll Tante Jutta genannt, war eine große schlanke Person mit schmalem Gesicht und kleiner Stupsnase, mit braunen schulterlangen Haaren und von Beruf Hausfrau. Ihr Mann, Onkel Manni, war groß, hatte ein rundes Gesicht, kurzes lockiges braunes Haar und braune Augen. Als Automechaniker und Besitzer einer Autowerkstatt besaß er eine recht athletische Figur. Die Familie wohnte in einem größeren Haus mit einem noch größeren Garten.

Familie Heinrich hatte drei Kinder zwischen fünf und zwölf Jahren. Ich weiß noch, wie sie geheißen haben: Paul war der Älteste, Horst der Mittlere und Anneliese die Jüngste. Von den beiden Jungen habe ich nur noch eine blasse Vorstellung, doch ich weiß noch, dass sie ihrer Mutter sehr ähnlich sahen, obwohl sie von ihrer Statur wesentlich kräftiger waren. Anneliese, ein schlankes blondes Mädchen, war in meinem Alter und wir spielten sehr oft miteinander. Dabei musste alles ohne Worte laufen. Wir konnten uns nur durch Gestik und Mimik verständigen, aber das funktionierte. Anneliese schenkte mir eine ca. 35 cm große Puppe, die ich Wanna taufte und die mir sehr viel bedeutete. Schließlich war sie das erste Spielzeug, das ich in meinem Leben besaß. Die Puppe hat-

te blondes Haar, schöne blaue Augen, die sie schlie-
ßen konnte, wenn man sie horizontal hielt. Angezogen war sie mit einem weiß-rosa Kleidchen und an
den Füßen trug sie braune Sandalen.

Im Haus der Familie Heinrich lebte auch ,Onkel
Peter' mit seinem Schäferhund Axel. Allerdings war,
obwohl wir als Kinder ja alle männlichen Personen
,Onkel' nannten, ,Onkel Peter' diesmal wirklich Man-
nis Onkel. Er hatte keine eigenen Kinder und Manni
sollte später einmal alles erben. Onkel Peter war ca.
um die 65 Jahre alt – wie Opa Michael – und von
Beruf Jäger. Er trug stets seine grünliche Hose, die
nur bis zu den Knien reichte, dazu eine Jägerjacke mit
langem Kragen, worauf rechts und links gestickte
Rehe zu sehen waren. Ein brauner Hut mit drei
langen Federn daran, die in einem um den Hut herum
geschlungenen braunen Band steckten, wiesen ihn
schon von seiner Kleidung her als Jäger aus. Er besaß
ein freundliches Wesen, war immer ,gut drauf' und
aß und trank gerne, was man auch am Umfang seines
Bauches erkennen konnte. Sein beachtliches Gewicht
verursachte ihm oft Probleme beim Atmen. Durch
seine Beleibtheit schwitzte er stark und seine Nase
zeigte vorne an der Spitze eine rote Färbung. Wahrscheinlich war er krank, Asthmatiker oder Diabe-
tiker. So etwas hatte ich mal im Dorf bei Opas Ge-

sprächen mit Freunden, die ihn an den langen Winterabenden besuchten, gehört.

Axel, der zottige Schäferhund, war wie sein Herrchen ebenfalls gut im Futter, sehr treu, verspielt und gut erzogen. Eines Tages rannte er voller Freude auf mich zu – Anneliese und ich beschäftigten uns gerade vor dem Haus mit Gummitwist – und wollte mit uns spielen. Ich erschrak und schrie auf.

In diesem Moment erschien Onkel Peter in der Tür, überblickte die Situation und beruhigte mich mit den Worten: Keine Angst! Der tut nichts! Der beißt nicht! Doch während dieser Entwarnung hatte Axel mich schon am rechten Schienbein gepackt und kräftig zugebissen.

Seitdem meide ich jeglichen Kontakt mit ‚Axels‘, egal welcher Größe von Hund und welcher Prophezeiung ihrer Herrchen. Ich wechsle die Straßenseite, wenn ich schon einen Hund von Weitem sehe. Die Bissnarbe von damals am rechten Schienbein ist noch heute zu sehen.

Bis auf diese Begegnung mit Axel verhielten sich die Leute in der Nachbarschaft allesamt nett und freundlich zu uns. Sie sprachen uns auf Deutsch an, schenkten uns Butterbrote oder Obst, gingen mit ihren Kindern und uns zum Kiosk an der Ecke und kauften uns sogar manchmal Gummibärchen und Wassereis.

Ich erinnere mich noch gerne an den Tag, als wir bei Onkel Manni und Tante Jutta mit aufs Dachgeschoss durften. Dort war zu unserer Überraschung eine riesige Eisenbahnanlage aufgebaut. So viele Züge, Gleise, Tunnel, Häuser, Schilder, Ampeln, Haltestellen, Bahnhöfe usw. hatte ich bis dahin als Spielzeug noch nie gesehen. Und alles funktionierte elektrisch per Knopfdruck. Auch uns wurde erlaubt, mal auf den Knopf des Trafos zu drücken, wodurch Bewegung in die Anlage kam. Für uns ein sensationelles Ereignis! Auch wenn wir noch nicht Deutsch sprachen, verstanden wir uns problemlos.

Mein Vater half des Öfteren der Familie Heinrich bei Gartenarbeiten und erledigte für sie handwerkliche Kleinigkeiten. Auch meine Mutter half mit, wenn die Familie Hilfe brauchte.

Regelmäßig kam Onkel Peter mit Jagdbeute nach Hause. Das Enthäuten und Waschen der erlegten Tiere dauerte viele Stunden, bis alles erledigt und zum Verkauf fertig war. Mein Bruder und ich kannten diese Arbeit aus der Heimat von Onkel Nikos, dem Mann von Tante Fifi, dem einzigen Metzger in Kastanoussa. Er schlachtete die Tiere in seinem Hof, direkt neben unserem Haus. Wir warteten dann immer solange, bis er uns die Blase von Schwein, Kuh oder Schaf hinwarf. Diese füllten wir sodann mit Wasser und spielten damit Fußball.

So stumpft man durch Gewohnheit ab, ohne eine Sensibilität zu entwickeln und zu reflektieren, ob man eine Sache gutheißt oder nicht.

Durch die vielen neuen Sachen, die wir täglich kennenlernten und bestaunten, empfanden wir bald kein Heimweh mehr. Wir wollten gar nicht mehr zurück, wollten bei den Eltern bleiben. Alles um uns herum war neu, spannend und aufregend.

Doch die Zeit verging leider zu schnell. Meine Mutter arbeitete acht Stunden am Tag in einer Streichholz-Fabrik, mein Vater 10 Stunden am Tag als Maurer bei einer renommierten Baufirma. Uns blieb viel Zeit und irgendwann wurde es uns langweilig, alleine zu Hause herumzuhängen. Etwas anderes musste nun geschehen.

Da entdeckten wir Papas Fahrrad, das angelehnt an der Wand neben der Tür stand. Für die Fahrt zur Arbeit benutzte er es selten, da er meist von einem Firmenauto abgeholt wurde. Also schnappten wir uns das Rad, um den Drahtesel zu besteigen und uns möglichst lange auf ihm zu halten. Gar nicht so leicht! Der Lenker und der Sattel waren für uns viel zu hoch eingestellt und das Bremsen per Rücktritt bereitete uns anfangs große Probleme, da unsere

Beinchen zu kurz waren, um an die Pedale zu gelangen.

Beim Hinfallen, Wehtun und Sich-Verletzen wechselten mein Bruder und ich uns ständig ab.

Während der eine sich mit seiner blutenden Wunde beschäftigte, kämpfte der andere schon wieder die nächste Runde mit dem rostigen Drahtesel. Unser Vorteil war, dass wir noch klein waren. Durch die geringe Fallhöhe ist ein Sturz vom Rad nicht ganz so gefährlich wie bei einem Erwachsenen. So holten wir uns bei unseren anfänglichen Versuchen so manche Schramme. Doch nach einigen Tagen konnten wir bereits fahren und wagten uns sogar an Kunststückchen auf dem Rad heran.

Ebenso erging es mir mit dem Schwimmen. In der Nähe des Wohnviertels meiner Eltern gab es ein Freibad, das uns Kinder magisch anzog. Unbedingt wollten wir dorthin. Nach längeren Überredungsversuchen willigte mein Vater ein, allerdings nur unter der Bedingung, dass er mitkäme und uns beaufsichtigte. Mit großer Sehnsucht warteten wir auf den Tag, an dem Papa frei hatte und mit uns ins Freibad ging. Ich bekam einen ausrangierten Badeanzug von Anneliese, Wassili eine Badehose von Horst. Familie Heinrich schenkte uns dazu auch noch einen Plastikball und Schwimmbrillen.

Es war ein sonniger Tag. Vor dem Eingang des Freibades konnte man schon von weitem die lange Warteschlange der Besucher sehen. Endlich waren wir an der Kasse. Eintritt für Erwachsene 1 DM, für Kinder 50 Pfennig bitte, hörte ich die Dame an der Kasse sagen. Papa bezahlte. Wir hatten uns bereits zu Hause umgezogen, sodass wir jetzt, nachdem wir uns ein Plätzchen ausgesucht und unsere Shorts und Shirts ausgezogen hatten, sofort zum Planschbecken stürzten. Papa kam hinter uns her.

Das Becken war sehr flach, für Nicht-Schwimmer. Erst spielten wir nur im Wasser, tauchten mit den Köpfen unter und guckten uns die teilweise noch missglückten Schwimmversuche der anderen Kinder ab. Dann versuchten wir es nachzumachen, allerdings besser, wobei wir viel Wasser schluckten und es schließlich schafften, zwei bis drei Züge frei zu schwimmen. Ich schluckte so viel Wasser, dass ich noch bis heute den Wassergeschmack des damaligen Pissbeckens im Mund schmecke.

Selbst das Duschen nach dem Schwimmen wurde zu einem Erlebnis für mich. Ich kannte so etwas wie eine Dusche nicht. Im Dorf gab es für die Körperreinigung lediglich eine etwas größere alte Zinkwanne und daneben einen 5-Liter-Eimer, gefüllt mit lauwarmem Wasser. Mit einer alten Trinktasse aus Blech wurde ‚gebadet‘: eine Tasse Wasser auf die Haare, Seife darauf, Haare waschen, mit einer weiteren Tasse Wasser die Seife auswaschen, in der Wanne hinknien, den Körper einseifen und wieder mit Wasser abspülen, fertig. Die fünf Liter Wasser mussten für Haare und Körper reichen. Nach dieser Katzenwäsche fühlte man sich aber dennoch einigermaßen sauber und frisch. Wenn man keine Vergleiche hat, kennt man keine Unterschiede und das ist manchmal durchaus gut.

In den folgenden Tagen durften Wassili und ich dann auch alleine ins Freibad. Das Üben und Wasserschlucken gingen weiter, sodass uns endlich mehrere Schwimmzüge – auch in tieferem Wasser – gelangen. Durch weiteres Üben perfektionierten wir im Verlauf der nächsten Wochen unsere Schwimmkünste, worauf wir sehr stolz waren. Endlich könnten wir auch in Griechenland schwimmen! Es ist das Land mit dem saubersten und schönsten Wasser im Süden.

Dieses Erlebnis der neu erworbenen Fähigkeiten war sehr wichtig für meine persönlichen Entwicklung und insbesondere für meine späteren Berufswahl. Ich studierte Sportwissenschaften, schwimme bis heute leidenschaftlich gern und regelmäßig.

Die Abreise rückte näher. Wie alle schönen Dinge im Leben geht alles irgendwann vorbei. Es ging auf

Mitte September zu und in der Heimat begann die Schule. Wir mussten zurück nach Griechenland, obwohl wir viel lieber bei den Eltern in Deutschland geblieben wären.

Schon wieder werde ich die Kinder vermissen, hörte ich eines Abends Mutter sagen. Ich will nicht mehr ohne meine Kinder sein.

Ein Schluchzen war zu vernehmen.

Sicher war es für die Eltern auch nicht leicht gewesen, ohne ihre Kinder in der Fremde zu arbeiten und zu leben. Ist es denn schon wieder soweit? Schon wieder Abschied nehmen, schon wieder weinen, schon wieder traurig sein?! Auch den Eltern fiel die Trennung nicht leicht.

Am 14.09.1965 brachten uns die Eltern zum Hauptbahnhof nach Köln. ‚Hellas Express' war startbereit. Mutter drückte und küsste uns, weinte und war untröstlich. Bei Vater spürte ich beim Abschied wieder das nasse Gesicht. Er versprach diesmal jedoch, er würde alles dafür tun, dass wir wieder nach Deutschland kämen und für immer zusammen sein könnten. Er müsse nur die Sache mit der Schule klären. Dieses Vorhaben, dieses Ziel, gab ihm Mut und Kraft. Es dauerte dann auch nicht lange – genau ein Jahr später – bis er uns wieder nach Deutschland holte. Und diesmal blieben wir länger hier, ja ein ganzes Leben lang. Mittlerweile ist mein Bruder Wassili, der von den Deutschen im Laufe der Zeit immer mehr zum ‚Willi' wurde, tot und hier in Deutschland begraben. Nochmal zurück zur Verabschiedung am Kölner Hauptbahnhof: Wassili bekam als Trost ein kleines Radio von der Firma Blaupunkt von Vater geschenkt. Ich hielt meine Puppe Wanna fest im Arm.

Sie begleitete mich solange, bis sie mir eines Tages von der Stiefoma, wie ich später erfahren sollte, gestohlen wurde. Letztere hatte sich einen Zweitschlüssel von der Kammer fertigen lassen, in der meine Eltern ihre Sachen untergebracht hatten, bevor sie nach Deutschland fuhren. Sie nahm die Puppe, um diese gewinnbringend zu verkaufen und das Geld ihren leiblichen Kindern zukommen zu lassen.

Ich habe Wanna verzweifelt gesucht, bitterlich geweint und nach ihr gerufen. Keiner wusste, wo sie geblieben war. Am besten wusste es die Stiefoma. Sie heuchelte solch völlig haltlose Vermutungen vor wie, dass ich sie zum Beispiel beim Spielen irgendwo vergessen hätte. Doch das war eine Lüge, denn ich empfand immer ein starkes Verantwortungsgefühl für meine Sachen, zumal ich ja stets wenig besaß und ich wusste genau, dass ich meine Wanna ganz bestimmt nirgendwo liegengelassen hatte. Für mich war es wieder einmal eine Trennung von etwas, das ich sehr geliebt hatte.

Wir stiegen in das gleiche Abteil, das wir bei der Hinfahrt schon hatten reservieren lassen. Diesmal reisten sechs Personen mit uns zusammen im Abteil: ein älteres griechisches Ehepaar sowie ein junges jugoslawisches Pärchen, welches in Skopje aussteigen wollte. Wassili ließ unseren kleinen Koffer nicht aus den Augen und passte höllisch auf ihn auf, weil sich darin sein neues Radio befand.

Nach ungefähr 20 Stunden Zugfahrt betrat ein Kontrolleur das Abteil und wollte unsere Pässe und Fahrkarten sehen. Danach deutete er mit einem seiner Finger auf unseren Koffer und forderte uns so nonverbal auf, ihn zur Kontrolle zu öffnen. Er erblickte Wassilis kleines Radio, seine Augen funkelten einen Moment und dann, gierig und ohne jegliche Erklärung riss er es an sich und brüllte meinen Bruder an, er wäre ein kleiner Krimineller, da er so etwas unverzollt mit sich schleppe. Bei einer Zahlung von 70 DM könnte mein Bruder das Radio behalten. Natürlich hatten wir einen so großen Betrag nicht dabei. Der Kerl packte also das Radio, steckte es in seine große schwarze Diensttasche und verließ eilig das Abteil. Für uns stellte das Verzollen des Gerätes mehr einen Vorwand dar, um das Radio in seinen Besitz zu bringen. Er selber war in unseren Augen der Kriminelle, nicht das unschuldige Kind von elf Jahren. Alles war ordnungsgemäß eingepackt, die Quittung des gekauften Radios war vorhanden, was sollte das nun?!

Eine Minute reichte, um die Träume eines kleinen Jungen zu zerstören und ihm das Andenken an die Eltern in der Ferne zu nehmen. Auch unser Bitten, unser Flehen, Schreien und Weinen, er möge das Radio doch bitte zurückgeben, halfen nicht. Die anderen Mitreisenden schliefen teilweise oder fühlten sich von diesem Tumult sogar gestört.

Natürlich sagte niemand etwas. Alle hielten sich raus.

Sobald jemand eine Uniform trägt, ist er wer.

Warum haben die Menschen so viel Angst vor einer Uniform? Ist es überhaupt Angst? Ist es Respekt? War es in vorliegendem Fall mehr Gleichgültigkeit oder Desinteresse? Dieser seine Macht missbrauchende Kontrolleur des ‚Hellas Express‘ ist mir bis heute negativ im Gedächtnis geblieben und hat viel Nachdenken über die Gerechtigkeit auf der Welt ausgelöst. Oft bin ich in meinem späteren Leben in Situationen geraten, in denen ich erleben musste, wie wenig die Menschen Zivilcourage zeigen und in solchen Situationen eingreifen. Es ist leichter und bequemer den Mund zu halten, wegzuschauen und sich nicht einzumischen. Viele Ungerechtigkeiten passieren und kaum einer traut sich etwas zu sagen. Meiner Erfahrung nach hat diese Tendenz in der heutigen Zeit sogar noch zugenommen.

Der ‚Hellas Express' rollte inzwischen weiter auf seinem Weg nach Thessaloniki.

Von Spitznamen, Aberglaube, gefährlichen Spielen und Giorgos, dem Esel

In einer kleinen Dorfgemeinde wie Kastanoussa kannte jeder jeden. Jeder hatte sein Haus, seinen Beruf, seine Eigenarten und Macken. Jeder war jedem bekannt und dies meistens sogar nur mit seiner Berufsbezeichnung oder seinem Spitznamen. Stathis der Müller wurde von allen nur ‚Mylonas' (Müller) gerufen, Charis wurde wegen seiner Gehbehinderung allseits ‚Koutsos' (Humpler) genannt, Savas, der das Handicap hatte, schlecht hören zu können, war allgemein als ‚Koufos' (der Taube) bekannt. Kam der Vorname einer Person öfter vor, so setzte man dem Vornamen noch einen Beinamen hinzu, der sich durch Beruf oder Besonderheit des Menschen entwickelt hatte. Lazaros ‚Sideras' (Schmied) wurde durch diesen Beinamen als Zusatz ganz klar von Lazaros ‚Marangos' (Tischler) unterschieden. Auf diese Art und Weise wusste jeder sofort, wer gemeint war. Den Frauen fügte man neben ihrem Vornamen die Berufsbezeichnung oder den Spitznamen des Ehemanns hinzu, um diese Person eindeutig zu bestimmen. So gab es im Dorf zum Beispiel ‚Maria tou

Mylona' (Maria vom Müller), ,Tante Fifi tou Hassapi'
(Fifi vom Metzger) usw. Der Vater meines Opas
Michael hieß Isaak. Also war er für alle ,Opa Isaak-
Michael', d. h. Michael von Isaak. So waren zahl-
reiche Bei- und Spitznamen im Umlauf.

Auch ich erhielt einen Spitznamen: ,Tsakala', was auf
Deutsch übersetzt Schakal bedeutet. Wegen meines
zierlichen Körperbaus, meiner Schnelligkeit und Geschicklichkeit bekam ich diesen Namen verpasst.

So mancher Dorfbewohner ist mir besonders leben-
dig in Erinnerung geblieben. Zwei Häuser weiter
links von unserem Haus entfernt wohnte ein Mann
namens Michael, der eine extrem lange und dicke, ja
richtig knollige Nase besaß. Durch sein schmales
knochiges Gesicht wirkte sie besonders gewaltig und
sah wie eine Aubergine aus. Er hörte auf den Namen
,Paitzanos', dessen Bedeutung mir bis heute unbekannt blieb und reagierte erstaunlicherweise nur
dann, wenn man ihn mit diesem seinem Spitznamen
ansprach. Der von allen Menschen im Ort benutzte
Spitzname hatte sich verselbstständigt und ließ den
eigentlichen Rufnamen des Mannes überflüssig werden.

Anzumerken ist bei alldem, dass sich die mit ihren
Spitznamen bezeichneten Personen keineswegs be-

leidigt fühlten, sondern es für sie eine ganz normale und selbstverständliche Sache darstellte.

So war es auch der Fall bei Tassos, dem ‚Lemonas‘ (Limonenverkäufer) oder Theo, dem ‚Yanotzis‘ (Verzinner) des Dorfes, die beide ausschließlich nur auf ihren Spitznamen reagierten.

Theo war klein und schmächtig. Die wenigen Haare auf seinem Kopf ließen sich zählen und er schielte ein wenig. Sein Kopf war übermäßig groß und passte kaum zu den Proportionen seines dürren Körpers. Seine zwei Töchter, Eugenia und Sofia, schielten wie der Papa, weswegen sie von vielen Kindern im Ort gehänselt wurden. Mit Sofia, dem jüngeren Mädchen, war ich befreundet. Sie war in meinem Alter und wir spielten oft zusammen. Sofia war wie ich sehr zierlich von Gestalt, hatte dunkle schwarze Augen wie Oliven und ein rundes mit Sommersprossen übersätes Gesicht. Ihre langen schwarzen Haare trug sie zu Zöpfen geflochten, die ihr bis zur Hüfte reichten.

Nicht selten überkam mich das mitleidige Gefühl, sie gegen die Gemeinheiten der dreisten Dorfburschen verteidigen zu müssen. Diese schlichen hinter ihr her, zogen sie an ihren beiden Zöpfen und beleidigten sie mit dummen Schimpfworten wie ‚Hört ihr die Glocken läuten: kling-kling-kling?‘

Ganz anders verhielten sie sich mir gegenüber, vor der sie enormen Respekt zeigten. Bei mir trauten sie sich so etwas nicht, weil ich mich erstens gut wehren konnte und zweitens einen älteren Bruder hatte, vor dem sie gehörig Angst hatten.

Sofias Familie ging es einigermaßen gut, weil ihr Papa geschickt und fleißig war. Sie lebten wie die meisten in der Region von den kleinen Einkommen aus der Landwirtschaft. Regelmäßig erhielt Onkel Theo Aufträge, die ihm zusätzliche Gewinne einbrachten. Er war ein guter und begehrter Handwerker und sein Können war bis Anfang der 1970er-Jahre sehr gefragt. Bis zu diesem Zeitpunkt waren die Bauern im Dorf darauf angewiesen, ihre Weizen-, Mais- oder Kleefelder mit Sensen manuell abzuernten. Der Einsatz von Maschinen erfolgte erst später. Das Mähen mit der Sense stellte eine sehr harte und schweißtreibende Arbeit dar. Durch die regelmäßige Nutzung wurden die Schneideflächen der Sensen stumpf und benötigten ein Schleifen und Verzinnen. Da war Onkel Theo genau der Mann, der alles wieder in Top-Zustand brachte. Auch kaputte Töpfe oder eingerostete Pfannen reparierte er professionell und preisgünstig, wobei er stets sauber und effektiv arbeitete. Oft benutzte er fürs Verzinnen ein Gerät, welches an einer Gasflasche angeschlossen war und beim Gebrauch blau-gelbes Feuer spuckte.

Wenn wir Kinder bei dieser Arbeit zugegen waren, schreckten wir immer vor den Flammen zurück.

Der Mann machte alles mit seinen bloßen Händen und ohne Augenschutz. Vielleicht hatte dies ja sein Schielen verursacht. Sein handwerkliches Geschick sprach sich in der Umgebung herum, sodass er oft auch aus den umliegenden Dörfern Kundschaft bekam. Die Familie leistete sich mit den kleinen Extra-Aufträgen mal ein Kilo Zucker, ein Pfund Butter, Fleisch, Bonbons für die Kinder oder ein neues Kleidungsstück, was gerade dringend benötigt wurde.

Ich hatte stets Angst vor Onkel Theo. Sein Blick wirkte auf mich unheimlich. Diese Abneigung verstärkte sich noch durch den im Dorf gefürchteten Aberglauben, da ich von Tante Fifi mal hörte, wie sie beim Kaffeeklatsch mit Nachbarinnen erzählte, dass Menschen mit blauen und schielenden Augen – und genau solche besaß Onkel Theo – den ‚bösen Blick‘ hätten. Auch Menschen mit zusammengewachsenen Brauen und stahlblauen Augen dazu sollten besonders gemieden werden, weil von ihnen der ‚böse Blick‘ ausgehen würde. Solch ein Blick sei mit negativer Energie geladen.

Starrt jemand einen mit solchen Augen an, sollte man vorsichtig sein, da dieser Blick Schaden, Krankheit oder sogar den Tod bringen könnte. Nun – was tun gegen den ‚bösen Blick'? Die Menschen im Dorf waren der Überzeugung, man könne sich davor schützen, indem man einen kleinen runden Talisman in Form eines blauen Auges trägt. Diesen kann man sowohl an einer Kette um den Hals wie auch als Brosche an der Kleidung tragen oder als Schlüsselanhänger in seiner Tasche mitführen.

In Griechenland und im Orient haben sehr viele solch einen Stein, ‚Mati' genannt, bei sich. Einige behaupten, der gefährlichen Wirkung des ‚bösen Blicks' auch durch das Berühren eines roten Gegenstandes oder durch ein Sich-Kratzen am Po entziehen zu können. Als weitere Möglichkeiten werden aufgeführt, den eigenen Schlüpfer oder Slip stets auf links zu tragen, sich eine Knoblauchzehe in die Hose zu stecken oder vor Verlassen der Wohnung dreimal ‚trocken' in die Luft zu spucken und dabei ‚Jesus Christus, beschütze mich bitte vor dem ‚bösen Blick' auszusprechen. So bliebe das Unglück, welches der ‚böse Blick' zur Folge hätte, einem fern.

Dieser Aberglaube ist auch in der griechischen Orthodoxie völlig akzeptiert. Hier werden sogar spezielle Gebete ausgestoßen, die das Unheil vertreiben bzw. fernhalten sollen. Manch eine ältere Dame kennt sich noch heute mit solchen Gebeten aus und glaubt, bei Bedarf damit helfen zu können.

Mein Opa wusste auch solch ein Gebet und brachte es mir sogar bei. Paradoxerweise waren sowohl er als auch all seine vier Kinder blauäugig. Diese Augen strahlten jedoch ausschließlich Liebe und Güte aus und wirkten positiv auf andere.

Ich auf jeden Fall fürchtete mich damals vor dem Blick des Verzinners und versuchte ihm möglichst nicht zu begegnen.

Seine Tochter Sofia holte ich regelmäßig zu uns nach Hause ab. Sie fühlte sich bei uns wohl und zeigte immer die gute Eigenschaft, teilen zu können. Wenn sie zu uns kam, brachte sie entweder Bonbons oder eine Scheibe Brot mit etwas Butter und Streusel-zucker darauf mit. Sie teilte alles mit mir. Im Gegen-zug erhielt sie von mir Beeren, Kirschen oder Nüsse, die ich ab und zu gepflückt hatte.

Dadurch, dass ich sehr gelenkig und geschickt war und gut klettern konnte, reichte ich bis hoch an die Äste von Obstbäumen heran, wo die Besitzer nicht ernten konnten, weil die süßen Früchte für sie zu hoch hingen. So gab es für Sofia und mich immer etwas zu probieren und gemeinsam zu genießen.

Vier Häuser weiter rechts von unserem Haus entfernt wohnte Charalampos o ‚Tiflos' (Harald der Blinde). Dieser half nebenbei in der Kirche aus und bekam dadurch als zweiten Beinamen ‚Kantilanaftis' (Küster). Charalampos war groß, schlank und hatte ein Handicap: Sein rechtes Auge war bei Feldarbeiten verletzt worden und konnte nicht mehr gerettet werden. Er verlor es.

Die Regierung willigte ihm später eine kleine Rente zu. Diese war für die damalige Zeit viel Geld.

Harald der Blinde war allgemein als ein anständiger und netter Kerl im Dorf bekannt. In Maria fand er eine fleißige und ehrliche Frau, mit der er zwei Söhne bekam.

Seinen Beruf in der Landwirtschaft musste Harald aufgeben. Mit seiner kleinen Rente und dem geringen Nebenverdienst als Küster konnte er soeben seinen täglichen Bedarf decken. Hart auskalkuliert blieb die finanzielle Situation doch immer bedenklich, falls mal etwas dazwischenkommen sollte. Aus diesem Grunde vermietete die Familie hin und wieder mal ein Zimmer in ihrem Haus, was für sie einen kleinen Zugewinn brachte. Dieses Zimmer bewohnte damals die spätere zweite Frau meines Opas Michael zur Miete. Kurz darauf lernte sie Opa kennen und sie heirateten.

Maria war klein, schlank, hatte große schwarze Augen, die wie glühende Kohlen funkelten.

Figürlich hätte sie einem 12-jährigen Mädchen durchaus Konkurrenz machen können. Trotz ihrer zierlichen Gestalt war sie einige Jahre älter als ihr Mann, tüchtig, hilfsbereit und stets ein Mensch mit der Gabe, die so wenige Menschen besitzen: mit Muße und Geduld richtig zuhören zu können.

Obwohl ich noch ein Kind war, haben wir uns gut verstanden und ich kann heute im Nachhinein sagen, Maria war trotz des beachtlichen Altersunterschiedes meine erste Freundin. Wenn sie durch ihre Arbeit überlastet war – und dies war fast ein Dauerzustand, da ihr behinderter Mann ihr wenig helfen konnte – bat sie mich, auf ihre zwei kleinen Söhne aufzupassen, was ich gerne tat, denn als Belohnung erhielt ich immer ein Tütchen Bonbons, ein Schnittchen mit Schafskäse oder zwei Eier.

Wie schon erwähnt, wurden im Dorf die Erwachsenen gewöhnlich mit ‚Onkel‘ oder ‚Tante‘ angesprochen, auch wenn man mit ihnen gar nicht verwandt war. Dies ist bis heute so geblieben. Es erweckt eine gewisse Vertrautheit und stärkt das Gemeinschaftsgefühl.

Schräg gegenüber von Paitzanos lag das Haus von Tasso, dem Lemonas. Er kannte sich gut mit Bio-

Produkten aus, beschäftigte sich mit Wildkräutern aus den umliegenden Bergen und stellte sogar Honig her. Sein ganzer Stolz waren seine zehn Bienenstöcke. Der gelbbraune dickflüssige aromatische Waldhonig erfreute sich in Dorf und Umgebung großer Beliebtheit und war sehr begehrt. Durch die vorhandene Vielfalt an Blüten konnten die Bienen einen so tollen geschmackvollen Honig erzeugen.

Tasso der Lemonas war der erste im Dorf, der es gewagt hatte, etwas Neues auszuprobieren. Er verzichtete auf die in der Region übliche Tabakherstellung und bepflanzte seine Felder mit Orangen-, Zitronen-, Pfirsich- und Limonen-Bäumen. Er hatte viele Ländereien, sodass er von morgens bis abends mit seinen Pflanzen und Bienen beschäftigt war, immer verschwitzt und ungepflegt herumlief und leider nie die Zeit fand, eine Frau kennenzulernen und eine Familie zu gründen. Viele Frauen scheuten eine solch harte und mühselige Arbeit, die dazu auch noch wetterabhängig war, was ein unsicheres Einkommen bedeutete. So blieb Tasso zeitlebens Junggeselle.

Zu Beginn belächelte man ihn wegen seiner risikoreichen neuen Arbeit und erklärte ihn für verrückt. Nach einigen Jahren schauten sich genau diese anfänglichen Skeptiker und Lästerer seine Produkte und Innovationen an, bestaunten seine Herstellungen und deren Rentabilität und folgten seinem Beispiel. So ließ man sich in Kastanoussa immer mehr auf neue Sachen ein, lernte Neues dazu, ohne das Alte gänzlich zu verlieren. In den folgenden Jahren liefen Tabakherstellung und Plantagenwirtschaft parallel.

Über frisches Gemüse aus dem eigenen Garten verfügte fast jeder im Dorf.

Im Frühjahr erntete man Salat und frische Bohnen, im Sommer mediterranes Gemüse aller Art, frische Kräuter, Melonen, Kartoffeln und Obst, im Herbst Kohl, Kürbis, Trauben und Nüsse. Für den Winter war man eingedeckt mit zuvor Eingemachtem, was kühl in der Scheune gelagert wurde.

Tasso der Lemonas brachte sich alle Kenntnisse und Fähigkeiten über Bio-Produktion selber bei. Er war ein Autodidakt. Im Winter besuchte er allerdings verschiedene Fortbildungen in Thessaloniki, der nächstgrößeren Stadt – zwei Stunden Fahrt mit dem Regionalzug entfernt. Regelmäßig stellte er sich auf den Frischmarkt in Rodopolis (Rosenstadt) und verkaufte seine aktuellen Produkte der Saison. Da er kein Auto besaß, transportierte er nach alter Sitte seine Waren mit seinem Esel, der Giorgos hieß.

Der Esel trug die Produkte ca. drei Kilometer weit geduldig in zwei großen Körben, die rechts und links an seinem Rücken hingen zum Bestimmungsort und wieder zurück. Somit betrugen Hin- und Rückweg insgesamt sechs Kilometer.

Giorgos war ein schönes Tier. Mit seinen großen braunen Augen, den zwei langen Ohren und dem hellbraunen Fell hatte er ein so süßes Aussehen, dass er nicht nur die Herzen von Eselinnen, sondern auch die der Menschen erobern konnte. Er war sehr zahm und stets gutmütig und fleißig. Hatte er Durst oder Hunger, meldete er sich mit einem lauten ‚Iah' und einem leichten Schwingen seines verhältnismäßig großen Kopfes. Er ließ jeden vertrauensvoll an sich heran, ohne zu bocken.

Gestreichelt werden mochte er besonders gern.

Ich besuchte Giorgos oft, weil er auf einer Wiese im Vorgarten von Tassos Haus graste, die nicht weit vom Haus meiner Eltern entfernt lag. Oft suchte er sich ein Plätzchen im Schatten unter einem Feigenbaum. Hier legte er sich auch manchmal hin und erholte sich. Ab und zu schnappte er sich eine der vom Baum herabfallenden reifen Feigen, die er dann genüsslich kaute.

In Tassos Haus wohnten auch noch seine Eltern. Seine Mutter, Tante Sotiria, war eine kleine hagere und strapazierte Frau, die das Leben gezeichnet hatte. Sorgen und Strapazen hatten sie innerlich und äußerlich geprägt: Die Haut war vom Wetter gegerbt, das Gesicht faltig, die Haare zu einem Dutt hochgesteckt, der Mund zahnlos und dadurch eingefallen, der Oberkörper nach vorne gebeugt, auf dem Rücken einen sichtbaren Buckel. Sie sah wesentlich älter aus als sie tatsächlich war, wobei die schwarze Kleidung, in der man sie – genauso wie auch jede zweite Frau im Dorf – nur kannte, dies noch förderte.

Die Familien waren groß. Es gab immer jemanden aus der engsten Familie oder der Verwandtschaft, der gestorben war. Schwarze Kleidung zu tragen, verlangte – wie es auch heute noch ist – die Tradition. Schwarz gilt genau wie auch in Deutschland als Trauerfarbe und wird mindestens ein Jahr lang getragen.

Tante Sotiria hatte stets eine Schürze mit zwei großen Taschen vorne um die Hüfte gebunden. In diesen Taschen fand sich immer etwas Leckeres für uns Kinder versteckt wie z. B. süße Tomaten, Feigen, Äpfel, Weintrauben, Birnen, Quitten, Granatäpfel, Kekse usw.

Oft bekam ich etwas von diesen Köstlichkeiten, da ich für sie einige kleine Aufträge im Dorf erledigte.

Immer, wenn ich an ihrem Haus vorbeikam, rief sie mich zu sich, drückte mich liebevoll und flüsterte mir ins Ohr: „Du bist meine liebe Tsakalitsa" (Du bist mein liebes Schakalchen). Die Küsse der lieben Tante waren feucht und ihr Mundgeruch sehr intensiv. Doch die Aussicht auf die winkende Leckerei ließ mich diese Liebkosungen in Kauf nehmen. Die danach folgende Bewegung des Abwischens des Gesichts mit meiner Hand blieb stets die gleiche. Tante Sotiria gab und teilte gerne, sie war im Gegensatz zu meiner Stiefoma Eucharia überhaupt nicht geizig. Zum Gehen benutzte sie in der Regel einen Stock, mit dessen Hilfe sie sich fortbewegte.

Vier Söhne hatte sie großgezogen, drei waren bereits aus dem Haus, der Jüngste, Tasso, lebte noch mit im Haus. Mit Hilfe ihres Stocks besuchte sie jeden Morgen die Nachbarinnen in ihrer Nähe.

Man traf sich zum Kaffeeklatsch: mal bei ihr zu Hause, mal bei Tante Fifi, mal bei Olga, der Frau von Paitzanos, mal bei Maria, der Frau vom Harald dem Küster.

Hier wurden die neuesten Ereignisse aus dem Ort ausgetauscht und über so manchen aus dem Dorf getratscht. Auch die eingemachten, in Gläser abgefüllten Marmeladen probierte man aus, bevor sie in Rodopolis zum Verkauf angeboten werden sollten.

Das Wichtigste bei diesen Zusammenkünften war aber der Mocca-Kaffee, dessen zu deutende Satzbildung den Höhepunkt ausmachte.

Diese Kaffee-Sitte gibt es bis heute noch in der griechischen Kultur. Ihren Ursprung hat sie in der Türkei, weshalb man dieses Getränk auch ‚türkischen Kaffee' nennt. Nach der Kleinasiatischen Katastrophe brachten ihn emigrierte Griechen mit. In einem kleinen Gefäß, ‚Zevses' genannt, wird das kochende Wasser direkt mit dem gemahlenen Kaffee aufgebrüht. Wünscht man sich einen starken Kaffee, so fügt man zwei Teelöffel Kaffee in das Gefäß, möchte man einen mittelstarken, reichen eineinhalb Löffel Pulver aus. Je nach Geschmack trinkt man ihn mit viel oder wenig Zucker, denn ganz ohne Zucker schmeckt er bitter und ist fast ungenießbar. Dann hört man die Leute sagen ‚Dieser Kaffee kann einen toten Stier wieder ins Leben zurückholen'.

Und nach dem Trinken beginnt folgendes Ritual: Man schwenkt die Tasse mit dem Kaffeesatz drei bis vier Mal im Kreis, legt eine Untertasse auf die Tasse und dreht Tasse und Untertasse kurz auf den Kopf. Dadurch setzt sich der Kaffeesatz auf der Untertasse ab. Nach 10 Minuten wird die Tasse umgedreht und der Fleck, der danach am Boden der Tasse sichtbar wird, ist der Kaffeesatz, aus dem man über seine Zukunft lesen kann. Die entstandenen ‚Hieroglyphen', die sich in der Tasse abgesetzt haben, lassen sich jetzt mit viel Fantasie deuten.

Als beste Wahrsagerin im Dorf galt Tante Sotiria. Ihre Künste des Kaffeesatz-Lesens waren bekannt und begehrt. Sie orakelte sehr geschickt, wobei sie psychologisch genau abschätzte, was jeder so hören wollte. Für die ledigen Mädchen und Jungen sah sie stets eine brisante baldige Begegnung mit einem Täubchen, welches zwei Ringe trug, was auf baldige Heirat deutete, für die kranken und gebrechlichen Leute eine baldige Genesung, für die Bauern eine gute Ernte und gute Geschäfte mit ihren Produkten. Das Sprichwort ‚Trost für den Kranken, bis er stirbt' kann in diesem Fall als ein Volltreffer gelten.

Aberglaube, Ablenkung von der Realität und von den eigenen aktuellen Problemen, Wunscherfüllung, etwas Tratschen, das Gefühl zu haben, nicht allein zu sein und Vieles mehr, ließen solches Ritual zu beliebten Zusammenkünften werden. Allein schon der Blick von Tante Sotiria war eine Garantie dafür, dass das, was sie voraussah, bald in Erfüllung gehen würde.

Eines Tages kam ich an ihrem Haus vorbei und sah sie im Gras des Vorgartens ausgestreckt liegen. Mit pochendem Herzen näherte ich mich ihr, sprach sie an und fragte, ob alles in Ordnung wäre. Keine Antwort. Ich dachte, sie würde schlafen, trat näher an sie heran und bemerkte, wie sie mit starrem Blick und offenem Mund dalag. Sie war tot. Ich hatte bis dahin noch nie einen toten Menschen gesehen, bekam Angst und rannte kopflos über die Straße zu Tante Olga von Paitzanos und erzählte ihr schluchzend, was ich gesehen hatte. Sie drückte mich zunächst, um mich zu beruhigen und schickte mich dann nach Hause.

Alles Weitere geschah blitzschnell: Die Familie wurde informiert, der Priester gerufen, um die letzte Kommunion (Totenkommunion) zu erteilen, der Tischler Nikos wurde beauftragt, einen Sarg für die Verstorbene zu sägen. Die Beerdigung fand schon am nächsten Tag statt, da in der griechischen Orthodoxie die Toten innerhalb von 24 Stunden begraben werden müssen.

Bei der Beisetzung drängelte ich mich durch die Trauernden bis in die vorderste Reihe. Ich wollte die liebe Tante noch einmal sehen. Es obliegt den Familienangehörigen, ob sie es wünschen, den Verstorbenen der Gemeinde zum letzten Mal zu zeigen und so von ihm Abschied nehmen zu können.

In diesem Fall wird der Sargdeckel für die Zeit eines Gebetes entfernt. Oft ist der Anblick erschreckend und schockierend, sodass ein letztes Beschauen der Leiche nicht unbedingt empfehlenswert ist. Ich habe dies damals unüberlegt, spontan gewagt und trage das grausame Bild der Toten bis heute in meinem Gedächtnis. Tante Sotiria lag mit offenen Augen und weit geöffnetem Mund im Holzsarg, welcher, nachdem er mit dem Deckel verschlossen, in die Erde gelassen wurde.

Und wieder war eine weitere vertraute Person aus meinem Leben weg. Wieder einer der mir so sehr verhassten Abschiede!

Bis heute habe ich Angst vor Leichen. Dies war auch später ein Grund, weshalb ich mein begonnenes Medizinstudium nach zwei Semestern abbrach.

Anatomische Versuche und Experimentieren an Leichen waren für mich ein Graus und zwangen mich, mein Studienfach zu wechseln und aufs Lehramt umzusatteln.

Eine Woche lang traute ich mich nicht, am Haus von Tasso vorbeizugehen, obwohl ich Giorgos, den Esel, vermisste und ihn gerne besucht und gestreichelt hätte. Mit Beklemmungen und einem merkwürdigen Gefühl von Peinlichkeit überwand ich nach einigen Tagen meine Scheu.

Das Tier stand wie immer vor dem Haus im Vorgarten, war an einem Pfahl festgebunden und fraß genüsslich sein Gras. Plötzlich sah ich drei Jungen im Alter zwischen sechs und neun Jahren sich dem Esel nähern. Sie hatten wohl Langeweile und wollten Giorgos etwas ärgern. „Nur spielen" wollten sie mit ihm, sagten sie später. Der eine Junge hielt einen langen Stock in der rechten Hand und begann damit auf Giorgos einzuschlagen. Der zweite Junge bewarf das wehrlose Tier mit Steinen und der dritte und kleinste passte auf, dass niemand diese gemeine Tierquälerei mitbekommen sollte.

Völlig außer mir packte ich einen Besen mit Stiel, der vor dem Hauseingang lag und lief wie eine Furie auf die drei Jungen zu, schrie sie an und schlug auf den ersten, den ich erwischen konnte, ein. Ich bekam bei dieser Aktion auch Tritte ab, doch verteilte selber auch viele. Meine Nase blutete durch die empfangenen Schläge, meine Glieder schmerzten nach den etlichen erhaltenen Tritten und einige Haarbüschel hingen mir herunter bis auf die Schulter, da die Burschen mich auch immer wieder an den Haaren zogen. Durch den Tumult und das Geschrei kamen die Nachbarn zu Hilfe und die drei Bengel liefen so schnell sie konnten fort und ließen sich nicht mehr blicken. Der arme Esel war total geschockt und verängstigt. Am Kopf ließen sich einige Platzwunden erkennen und er zitterte am ganzen Körper. Die Eltern der Übeltäter wurden informiert, doch ihre Reaktion zeigte, dass sie nicht besser waren als ihre

Sprösslinge. Es hieß nämlich, diese seien schließlich doch noch Kinder und wollten nur etwas Spaß haben und letztlich – das Opfer wäre ja nur ein Esel. Was sei denn so Schlimmes daran?! Das Vieh lebe ja noch und würde sich schon erholen. Tasso solle nun zusehen, wie er ohne seinen Esel seine Produkte zum Markt bringe, denn sein ‚Dickkopf' sei ja verletzt.

Diese Reaktion der Eltern auf das Verhalten ihrer Kinder bewies nicht nur eine geringe Wertschätzung von hilflosen Lebewesen und eine gewisse mitleidlose Bösartigkeit aus reinem Spaß, sich an Schwächeren auszulassen, nein, sie offenbarte auch den Neid der dahintersteckte, was den kleinen Erfolg von Giorgos' Herrchen mit seinen Bio-Produkten betraf. Aus Bösartigkeit, Neid und Missgunst geschehen viele schlimme, gemeine und sogar brutale Dinge auf der Welt. In diesem Falle mag sogar noch eine gehörige Portion Dummheit im Spiel gewesen sein. Doch das ist völlig egal – die Folgen sind gleich.

An die Schläge, die die drei Strolche von mir kassiert haben, denken sie scheinbar bis heute noch. Das ist daran zu erkennen, dass immer, wenn ich die Heimat besuche und sie mir begegnen, sie davon zu reden beginnen. Es wäre zu wünschen, dass ihnen der Mut eines kleinen Mädchens mehr imponiert hat als sie es anfangs wahrhaben wollten. Ich hatte damals nur so gehandelt, wie es mir mein Herz, mein Gewissen und mein Gerechtigkeitsgefühl vorschrieben.

In den Sommerferien des Jahres 1966 wurde es dann in Kastanoussa wieder langweilig ohne unsere Eltern. Obwohl sie Urlaub hatten, hatten sie sich entschlossen, diesen Sommer über in Deutschland zu bleiben. Sie wollten Geld sparen und damit einen Gebrauchtwagen kaufen.

Im Dorf herrschte für uns ‚tote Hose'. Absolut nichts war hier los. Es gab ja nicht wie in Deutschland Freizeit-Angebote, keine Möglichkeit ein Schwimmbad zu besuchen oder ins Kino zu gehen. All diese Dinge gab es nur in der Stadt und diese lag zwei Stunden Zugfahrt vom Dorf entfernt. Die meisten Kinder mussten den Eltern bei den landwirtschaftlichen Arbeiten mithelfen, eine total öde Zeit für meinen Bruder und mich.

In der Nähe meines Elternhauses gab es eine kleine Schlucht, 10 Meter tief, zu beiden Seiten, rechts und links, wild gewachsene große Platanenbäume. Unten am Boden der Schlucht floss ein Bach.

Idylle pur? Die Gegend war zwar von wilder Schönheit und friedlicher Stille, aber auch trügerisch gefährlich. Viele Vögel und kleine Wildtiere wie Hasen, Füchse, Eulen, Marder und andere hatten dort ihr

Zuhause gefunden. Der Bach war allgemein nicht sehr tief, wies an einigen Stellen jedoch eine Tiefe bis zu zwei Metern auf, wodurch er für Nichtschwimmer mit Vorsicht zu genießen war.

Es war ein warmer Sonntagmorgen. Die Sonne strahlte vom blauen Himmel. Viele Dorfbewohner strömten zur Frühmesse in die Kirche.

Wassili, mein Vetter Lefteri und ich fassten den Entschluss, ‚Tarzan' zu spielen. Wir hatten so viele Abenteuergeschichten über ihn gehört und auch selbst in Comic-Heften gelesen, dass wir wie er zu Abenteurern werden wollten. An diesem besonders heißen Tag war Schatten ein begehrter Platz für Groß und Klein, für Mensch und Tier.

Die Schlucht eignete sich als ein guter Ort – sowohl zum Spielen, als auch um sich abzukühlen. Diese Schlucht heißt ‚Haradra' und existiert bis heute. Der Bach, der sich seinen Weg durch die Schlucht bahnt, hat seine Quelle in den Bergen des über 2000 Meter hohen ‚Beles', der die Grenze zwischen Griechenland, Jugoslawien und Bulgarien bildet. Er fließt ganz nah an meinem Elternhaus und der dahinter befindlichen Kirche vorbei und dient den Bauern zur Bewässerung ihrer Felder. Die sich vor der Kirche erstreckende Grünfläche von der Größe eines Fußballplatzes ist das Zentrum des Dorfes.

In ihrer Mitte steht ein Denkmal, genannt ‚Iroon‘, von Sitzbänken und mehreren Lärchen umrahmt.

Das ‚Iroon‘ ist all den Menschen gewidmet, die während des Befreiungskrieges der Griechen von der Türkenherrschaft und während des Zweiten Weltkrieges ihr Leben verloren haben. Es besteht aus einer zwei Meter hohen weißen Marmorplatte, auf der in goldener Schrift eine Widmung für alle Gefallenen eingraviert ist.

Zum Gedenken an dieses historische Ereignis feiern die Griechen am 25.03. jeden Jahres den Befreiungskrieg gegen die Türkenherrschaft und am 28.10. den Widerstand gegen die Nationalsozialisten.

An diesen zwei Nationalfeiertagen versammeln sich die Schulkinder von Kastanoussa vor diesem Denkmal, teilweise in traditionellen Trachten, tragen Gedichte vor, singen Lieder und spielen Szenen zum Thema Krieg und Frieden. Ihre Lehrer halten dazu Reden, der Priester liest Psalmen vor und gibt seinen Segen. Die als Gäste anwesenden Eltern, Verwandten und weitere Dorfbewohner stimmen auch in die Gedenk-Zeremonie mit ein. Den Abschluss bildet ein Volksfest mit Speisen, Getränken und Tanz.

Wir drei Kinder legten gegen 10.00 Uhr in Richtung ‚Haradra‘ los. Opa hatte ein langes dickes Seil vor dem Stall liegenlassen. Dies war genau das, was wir brauchten: ca. sechs Meter lang, dick, stark – einfach optimal für unser Vorhaben. Wir nahmen es mit und liefen barfuß, da wir keine Schuhe besaßen, Richtung Schlucht. Die Vegetation wurde immer dichter und wir gerieten immer tiefer in dieses von der Zivilisation noch unberührte Dickicht. Die Brennnesseln waren fast so groß wie wir selber und brannten bei jeder Berührung mit dem Körper.

Endlich erreichten wir das Ufer des Baches. Schräg gegenüber an der anderen Uferseite zeigte eine riesige Platane mit ca. zwanzig Metern Höhe und ausladenden Ästen von fast zehn Metern Breite ihre gewaltige Pracht. Ihre langen Äste waren prädestiniert, um sich an ihnen hin- und herzuschwingen. Ohne lange zu überlegen kletterte ich flink den Baum hoch.

Immerhin trug ich ja nicht umsonst den Spitznamen ‚Tsakala‘ und wollte ihm alle Ehre erweisen. Mit dem dicken Seil, welches ich gepackt hatte und in der einen Hand hielt, stieg ich von Ast zu Ast höher, bis ich einen dicken Ast erreichte, der weit über den Bach hinausragte und somit optimal für unser Vorhaben zu sein schien. Ich nahm das eine Seilende und warf es um die Mitte des Astes, so, dass beide Enden Richtung Boden herunterhingen und die beiden Jungen sie erreichen konnten. Während Wassili und Lefteri das eine Seilende festhielten, rutschte ich mutig und vorsichtig am Tau herunter. Der Spaß konnte beginnen! Zuerst schwang ich mich über den Bach, von der einen Seite des Ufers zur anderen und wieder zurück, während die anderen beiden das andere Seilende straff nach unten zogen.

Danach wechselten wir uns ab, wobei wir mit Begeisterung Tarzan-Rufe ausstießen.

Unsere lauten Schreie verursachten großen Lärm, der weithin zu hören war. Dabei vergaßen wir die Zeit und versanken völlig in der phantastischen Welt des eingebildeten Dschungels.

Da geschah das Unglück, welches viel schlimmer hätte ausgehen können! Lefteri nahm Schwung und blieb mitten über dem Bach am Ast eines benachbarten Baumes hängen. Voller Angst zappelte der Pseudo-Tarzan um Hilfe rufend an dem Ast, an dem er noch hing und ließ das mit seinen Händen umfasste Seilende los. Durch die starken und hektischen Bewegungen seiner Hände und Füße brach der Ast nach einigen Minuten und Lefteri sauste hinunter ins Wasser des Baches – genau an einer seiner tiefsten Stellen. Mit seinen Händen in Panik um sich schlagend konnte er sich kurze Zeit noch über Wasser halten. Wir verfolgten vom Ufer aus dieses Drama, schrien und versuchten zu helfen, indem wir ihn mit am Ufer liegenden Ästen, die wir ihm reichten, aus dem Wasser ziehen wollten.

Doch die Strömung riss ihn fort.

In diesem Moment erschien der ‚deus ex machina' in Gestalt von Tasso dem Limonen-Verkäufer.

Er hatte fernab von seinem Haus auf seinen Feldern gearbeitet, die an das Gebiet von Haradra grenzen und die Hilfeschreie vernommen.

Gerade noch rechtzeitig stürzte er sich sofort in den Bach und fischte in letzter Sekunde den ertrinkenden Jungen heraus.

So endete unser Tarzan-Spiel, was so spaßig und abenteuerlich begonnen hatte. Viele Jahre später taufte der Gerettete zu Ehren seines Lebensretters einen seiner Söhne auf den Namen ‚Tassos'.

Von Krankheit,
Verletzung und Enttäuschung

Man schrieb das Jahr 1961. Ich war vier Jahre alt und begann, viele Dinge und Ereignisse bewusster wahrzunehmen. So erinnere ich mich beispielsweise an den in diesem Jahr besonders harten Winter im Dorf. Der eisige Wind machte einem das Atmen schwer. Er sauste und pfiff durch die Straßen von Kastanoussa hinweg über den mit Schnee bedeckten Boden.

Innerhalb einer Nacht lag das Dorf ganz im Schnee, sodass man bei jedem Schritt tief einsackte. Auf der einen Seite wirkte der Anblick des verschneiten Dörfchens beim Betrachter idyllisch und gemütlich, verursachte den Dorfbewohnern, die mit den extremen Witterungsverhältnissen zu kämpfen hatten, jedoch Probleme. Die Kälte legte alles lahm. Seit Tagen ließ der Schneefall nicht nach und die kleinen Schneeberge, die sich an verschiedenen Stellen im Ort häuften, wuchsen teilweise schon weit über einen Meter hoch.

Als Kleinkind bekam ich es mit der Angst zu tun, zumal ich bislang Schnee nicht kannte. Eiszapfen hingen vom flachen Dach rings ums Haus herab und Wassili und ich brachen diese ab um daran zu lutschen. Dabei ließ uns die Vorstellung, es wäre aromatisches Speiseeis, diese zu einer Köstlichkeit werden.

Die beißende Kälte hatte zur Folge, dass ich mir eine dicke Erkältung zuzog und das Bett hüten musste. Halsschmerzen, Husten, Müdigkeit! Insbesondere schmerzte die rechte angeschwollene Backe vom Mund bis zum Ohr und es stellte sich bald auch Fieber ein. Jede Bewegung wurde mir zu einer Qual. Meine Eltern zeigten sich besorgt, zumal eine Nachbarin meiner Mutter erzählt hatte, ihre beiden Kinder hätten ähnliche Symptome und es handele sich dabei um ,Ziegenpeter'.

Den Symptomen zufolge musste auch ich mir diesen Virus eingefangen haben.

Die Eltern kochten mir verschiedene Kräutertees, sorgten dafür, dass ich immer gut zugedeckt war und redeten auf mich ein, ich solle viel schwitzen, damit die ,Krankheit herauskomme'.

Ausnahmsweise zog mir Mutter sogar meine dicken Sonntagswollsocken an und wich nicht von meinem Bett. Da sie bereits ihr erstes Kind, welches im Säuglingsalter erkrankte und gestorben war, durch das Versäumnis einer nicht korrekten Behandlung verloren hatte, war sie besonders in Sorge, als das Fieber höher stieg, ich zu fantasieren begann und nicht mehr essen konnte. Es gab weder Medizin noch einen Arzt weit und breit. Der nächste Arzt wohnte in der benachbarten Kleinstadt Rodopolis. Doch wie sollten meine Eltern mich dort hinbringen? Wir hatten ja kein Auto, der Zug fuhr nur morgens hin und abends zurück.

In dieser kritischen Phase entschied mein Opa Michael, mich mit Hilfe unserer Eselin Arab zu Fuß zum Arzt zu bringen. Eine gewagte Aktion! Er wickelte mich in eine selbstgestrickte warme Schafwolldecke bis zum Hals ein, befestigte seinen geflochtenen Holzkorb, in den ich hineingelegt wurde, auf dem Rücken des Tieres und brachte mich mitten in der Nacht gemeinsam mit meinem Vater zum Doktor. Der Weg war nicht ungefährlich und recht mühsam, da überall Schneeberge zu überwinden waren, was das Vorankommen sehr erschwerte. Deshalb entschlossen sich die beiden Männer schon nach kurzer Zeit, den Schienenweg zu nehmen, da diese Strecke im Laufe des Tages einigermaßen geräumt worden war.

Spät, gegen 1.00 Uhr nachts, erreichten wir Drei unser Ziel und Opa klopfte an die Tür des Arztes.

Völlig verschlafen öffnete dieser die Haustür und führte die halb erfrorenen Männer mit ihrer kleinen Patientin in seine Stube. Weil es immer noch stark schneite und eisig kalt war, durfte sogar Arab mit in den Vorflur des Hauses, wo Opa ihr aus einem mitgenommenen Sack zur Belohnung Leckerchen gab. Währenddessen legte Vater mich auf eine im Raum an der Wand stehende Liege. Der Arzt – ich erinnere mich nur daran, dass er eine ovale Brille trug – reichte mir daraufhin einen Saft, der äußerst bitter schmeckte und gab mir anschließend eine Spritze.

Die ganze Nacht verbrachten wir in der bescheidenen sogenannten Arztpraxis. In der Früh hörte ich ihn meinem Vater sagen, dass mein Zustand so bedenklich gewesen wäre, dass wir gerade noch rechtzeitig gekommen waren. Wer weiß, wie die Sache sonst ausgegangen wäre! Opa und Vater sah man die Sorge und Erschöpfung an. Die Strapazen der Nacht hatten sichtbar ihre Spuren hinterlassen.

Am nächsten Morgen konnte ich die Augen wieder öffnen und verlangte nach Essen. Dies war ein gutes Zeichen. Opa lächelte und strich mir mit einer seiner Hände liebevoll und erleichtert einige herunterhängende Haare aus dem Gesicht. Vater entlohnte den Arzt für seine Mühen, gab ihm einen Umschlag mit den letzten Ersparnissen aus unserer Hauskasse. In ihm steckte selbstverständlich auch das in Griechenland obligatorische ‚Fakelaki‘, im Orient allgemein als ‚Bakschisch‘ bekannt. Über Sinn und Wirkung dieses ‚Extra-Geldes‘, was ein gewisses ‚Muss‘ darstellt, damit man überhaupt von einem Arzt behandelt wird, ist bereits an anderer Stelle dieses Buches ausführlicher zu lesen.

Meine Eltern gingen kurz nach meiner Erkrankung nach Deutschland, um dort als Gastarbeiter zu arbeiten. Wir Kinder blieben bei Opa und Stiefgroßmutter Eucharia zurück. Sie sollten auf uns aufpassen und uns versorgen.

Es war Sommer. Die meisten Dorfbewohner beschäftigten sich – wie zu dieser Zeit üblich – mit Landwirtschaft, Viehzucht und ganz besonders der Herstellung von Tabak. Die Tabakpflanzen werden im Frühjahr einzeln manuell eingepflanzt und im Sommer sind sie reif zum Ernten. Dies alles geschieht mit bloßen Händen, die jegliches Werkzeug ersetzen. Auch Handschuhe, die heutzutage dabei zum Einsatz kommen, standen damals noch nicht zur Verfügung. Von jeder Pflanze werden alle zwei Tage, angefangen von unten nach oben, also von der Wurzel bis zur Spitze, vier bis sechs reife Blätter abgeknickt und zu einem etwa 50 cm hohen Haufen gestapelt. Zu erkennen, welche Blätter reif zum Sammeln sind, ist gar nicht so leicht, da die Arbeit wegen der Hitze ganz früh im Dunkeln verrichtet werden muss. Eine bis zwei Personen ernten die Tabakblätter, eine dritte sammelt die alle fünf bis sechs Meter zu Haufen gestapelten Blätter, um sie anschließend in einen Korb oder Sack zu stecken. Diese Ernte wird dann nach Hause transportiert, wobei früher immer Nutztiere helfen mussten, während heutzutage alles vor Ort mit Einsatz von Maschinen erledigt wird.

Die Arbeit war knifflig, mühselig und schmutzig.

Jedes gepflückte Blatt musste Stück für Stück mit einer 60 cm langen und 2 cm dicken Nadel auf einen sechs Meter langen Faden gezogen werden.

Dabei klebten die noch frischen grünen Tabakblätter durch den abgegebenen Saft fest haftend an den Fingern und hinterließen an ihnen einen unangenehmen klebrigen Schmutz. War der Faden nach dieser unangenehmen Arbeit endlich voll, hängte man ihn mit den daran aufgezogenen Blättern zum Trocknen auf. Die dafür benötigten Gestelle, ähnlich wie lange flache Zelte, baute jeder Tabakhersteller vor seinem Haus oder auf der Straße davor zu Beginn des Sommers auf und Ende Oktober, wenn die Tabaksaison vorbei war, wieder ab. Hier genügte ein zwei Meter breiter Weg, den man frei lassen musste, damit ein Fuhrwerk oder Nutztiere durchkommen konnten. Autos gab es noch keine, die ersten Traktoren tauchten erst später in Kastanoussa auf. Damit die Tabakblätter nicht von der prallen Sonne verbrannt wurden bzw. bei Regen verfaulten, zogen die Bauern zum

Schutz der Pflanzen sicherheitshalber eine Plane darüber. So trockneten die Produkte innerhalb von drei bis vier Tagen geschützter und schadloser. Wenn eine Tabakpflanze nach der Sammelsaison Sprösslinge bekam, wurden die neuen Blätter auch wieder gesammelt. War alles geerntet, riss man die Pflanzen heraus, trocknete sie und benutzte sie im Winter zum Heizen. Nichts wurde weggeworfen, alles, was brauchbar war, wurde auch gebraucht.

Nachhaltigkeit war bereits damals im Dorf kein Fremdwort, obwohl zur damaligen Zeit noch niemand darüber sprach. ‚Es gibt nichts Gutes, außer man tut es‘, sagt das Sprichwort. Reden und Diskutieren zerstören oft nur die Selbstverständlichkeit einer Sache.

Unsere Tabakpflanzen erwiesen sich als besonders klebrig und das Sammeln in gebückter Stellung stellte eine anstrengende und ermüdende Prozedur dar, eine wirkliche Drecksarbeit.

Jede Hilfe zum Sammeln und Trocknen der Pflanzen war willkommen. Mein Bruder Wassili und ich halfen schon als Kleinkinder tüchtig im Rahmen unserer Möglichkeiten dabei mit. Wir betrachteten das ganze Prozedere als Spiel, weil es uns Beschäftigung und Abwechslung brachte. Die frisch geernteten Blätter wurden bei unserer Familie in großen alten Laken oder Körben gesammelt und mit Hilfe von unseren Tieren zur weiteren Bearbeitung nach Hause getragen, oft in vier bis fünf Touren hintereinander. Nach dem anstrengenden Ernten folgte nun auch noch der anstrengende Transport. Bei uns halfen die beiden Ochsen Wiko und Biko sowie die Eselin Arab beim Transport.

Familien, die keine Tiere besaßen, mussten die Lasten selbst auf dem Rücken zum Hof schleppen.

Dabei verstärkte die im Tagesverlauf steigende Hitze, die schon ab 8.00 Uhr morgens eine Arbeit so gut wie unmöglich werden lässt, die Strapazen. Immerhin zeigte das Thermometer um die Mittagszeit um die 35 Grad im Schatten, dazu quälten Müdigkeit, Durst und Hunger. Um alles zu schaffen, stand man in der Hauptsaison jeden Tag, auch am Wochenende, schon um drei Uhr in der Früh auf. Nur so entging man der Gefahr, in der Hitze des Tages gebraten zu werden. Ständig suchte man Schatten. Alle Arbeiten waren im Schatten angenehmer und leichter zu verrichten.

Fast alle Bewohner des Dorfes waren mit Tabakpflanzen beschäftigt, da das Tabakgeschäft gewinnbringender war als der Anbau anderer Feldfrüchte. Somit stellte es für die meisten sogar die einzige Einnahmequelle dar.

Im November/Dezember versammelten sich die Händler am einzigen Kafenion (Café/Kneipe) des Dorfes und nannten ihre Angebote für das Kilo getrocknetem Tabak. Die späteren Verkaufspreise dieser ‚Haie' beliefen sich dabei nicht selten auf das Zehnfache pro Kilo im Vergleich zum Einkaufspreis. Hier wurden – wie auch heute – die Bauern ausgenutzt, während die Reichen immer reicher wurden. Nicht zu verkaufen hieß für die Anbieter, dass die Qualität schlechter würde, wenn die Ware ein Jahr weiter lagerte. Somit sahen sich die Verkäufer gezwungen, schnell und auch für unverschämt billige Preise ihre Ware zu überlassen.

Alle Anstrengungen der so aufwendigen und mühsamen Herstellung des Produktes von der Saat, der Bewässerung, über das Sammeln und Trocknen bis hin zum Entsorgen der Altpflanzen waren vergessen, wenn man das Geld am Ende in den Händen hielt.

Es war der erste Sommer im Dorf ohne meine Eltern. Die Tage waren lang und heiß. Wir Kinder hatten Langeweile, weil es keine Abwechslung und keine Höhepunkte gab. Opa hatte zum ersten Mal seit Jahren keine Tabakpflanzen im Feld eingesetzt. Fast alle im Dorf rauchten. Dies galt besonders für die Männer, da es ein Zeichen von Männlichkeit und

Gemütlichkeit war und außerdem die einzige Droge, die man sich leisten konnte. So pflanzte Opa 20-30 Pflanzen in seinem Garten für den eigenen Bedarf an, damit er später einen Vorrat für den Verbrauch seiner selbstgedrehten Zigaretten besaß.

Die Gestelle zum Trocknen der Pflanzen hatte er aber trotzdem aufgebaut. Für seine eigene kleine Produktion hatte er zwar nur wenige Pflanzen zum Trocknen, doch vermietete er den Rest seines ungenutzten Gerüstes an Leute, die größere Tabakproduktionen herstellten und diesen Platz für ihre Pflanzen benötigten. Vollständig aufgebaut hatte so ein Gerüst eine Breite von drei Metern und eine Länge von ca. 15 Metern. Die einzelnen Gerüstbretter wurden hintereinandergereiht und im Abstand von zwei Metern mit Nägeln auf dicken Holzpfählen befestigt. An den Außenseiten der Gerüstbretter hatte Opa weitere Nägel in einem Abstand von 15 cm hineingeklopft, woran die Fäden mit den aufgezogenen Tabakpflanzen zum Trocknen gehängt wurden.

An einem Sonntagmorgen langweilte ich mich.
Im Dorf gab es wenig Spiel- und kaum Freizeit- oder Sportmöglichkeiten. Da fiel mein Blick auf die Tabakgerüste, an denen die zum Trocknen befestigten

Tabakblätter hingen. Balancieren! Das wäre doch mal was! So stieg ich barfuß auf die dicken, von ihrer Breite her allerdings schmalen Holzbretter und versuchte mich in meinen Balancierkünsten.

Anfänglich klappte es prima, wodurch mich der Übermut packte, auch schneller über die Bretter zu laufen und dabei das Gleichgewicht zu halten.

Plötzlich rutschte ich ab, fiel runter und einer der rostigen Nägel bohrte sich in die Innenseite meines rechten Oberschenkels. Da ich eine kurze, von Mutter genähte Hose trug, hatte kein Stoff das Eindringen des Nagels etwas gebremst. Das Blut floss aus der Wunde, die schlimm aussah. Dementsprechend plagten mich auch starke Schmerzen.

Weinend lief ich zu Opa und Stiefoma. Letztere holte sofort einen alten Becher und bestimmte energisch, ich solle in diesen hineinpinkeln. Die Wunde müsse desinfiziert werden, um eine Entzündung zu verhindern. Da keine anderen Mittel vorhanden waren, griff Stiefoma zu diesem Hausmittel. Sie hatte schließlich im Ersten Weltkrieg in einem Lazarett gearbeitet, musste dort verletzte Soldaten versorgen und hatte gelernt, dass Urin ein gutes Desinfektionsmittel war. Nachdem der Urin über die Wunde geschüttet worden war, umwickelte sie meinen Oberschenkel im Bereich der Wunde mit einem alten Lappen. Es brannte bestialisch. Doch nach drei Tagen ging es mir wieder besser und alles war wieder wie sonst: gesund, aber langweilig. Bis heute noch habe ich ein Denkmal von diesem ,Ausrutscher' zurückbehalten, was als helle Narbe innen am rechten Oberschenkel zu sehen ist.

Um uns zu beschäftigen, suchten mein Bruder und ich in diesem einsamen Sommer einen ,Job' bei anderen Familien, die Hilfe bei der Tabakernte benötigten. Die Patentante meiner Mutter hatte einen kleinen Kiosk auf der Seite des Dorfes, die ,hinter den Gleisen' lag, gepachtet. Auf der Seite ,vor den Gleisen' stand unser Haus. Die Gleise, auf denen der Zug täglich einmal morgens und einmal abends verkehrte, wobei er die Präfekturen Alexandroupolis-Serres-Thessaloniki verband, teilten somit das Dorf in zwei Hälften.

Eines Tages sprach uns die Patentante meiner Mutter an, ob wir uns ein Eis verdienen wollten. Die Belohnung klang attraktiv und verlockend, doch wir waren vorsichtig und skeptisch, weil sie oft unfreundlich und geizig war und fragten, was wir Kinder denn für sie tun könnten. Wir sollten ihr bei der Tabakarbeit des laufenden Tages helfen. Mit großer Freude auf die versprochene Belohnung begaben wir uns an die Arbeit. Auch wenn wir Kinder weniger zu leisten vermochten als ein Erwachsener, war unsere Mithilfe sicherlich keineswegs zu unterschätzen. Ich weiß noch, wie mir meine kleinen Finger wehtaten, zumal ich mich beim Arbeiten mehrmals mit der Nadelspitze in den linken Zeigerfinger gestochen hatte. Die Wunde brannte. Immer wieder zuckte ich vor Schmerzen zusammen, besonders dann, wenn die klebrige Substanz der Tabakblätter mit der Wunde in Berührung kam. Abgesehen davon, dass es kein Pflaster gab, wäre ein solches mir bei meiner Tätigkeit hinderlich gewesen. Wassili indes feuerte mich an weiterzumachen. Die Aussicht auf das versprochene Eis setzte Kräfte frei.

Gegen Abend, als die Arbeit erledigt war, spürten wir kaum noch unsere Glieder. Auf dem Boden sitzend hatten wir stundenlang Blatt für Blatt mühsam die Tabakpflanzen aufgezogen. Nun erfolgte erwartungsvoll der vermeintlich positive Teil der ‚Bezahlung'. Was für ein Schock!

Was für eine Enttäuschung und wahre Bescherung! Zwar hielt die Patentante ihr Wort, doch drückte sie uns mit einem gönnerhaften Lächeln und ohne sich dafür zu schämen jedem von uns einen Wassereiswürfel ohne Geschmack aus dem Eiswürfelbehälter ihres Kühlschranks in die Hände.

So schnell wie möglich machten wir uns mit unserer sensationellen Belohnung aus dem Staub, damit niemand die Tränen in unseren Augen sehen sollte. So etwas hatten wir nicht verdient!

Bis heute denke ich verständnislos an diese Frechheit der alten geizigen Frau und ihren unverschämten Trick, kleine Kinder zu betrügen und auszunutzen.

Die Patentante hatte zwei Töchter und einen Sohn. An die Töchter erinnere ich mich kaum mehr, da sie beide wesentlich älter waren als ich. Den Jungen sehe ich noch deutlich vor meinen Augen. Er hieß Markos und war geistig behindert. Doch sah man ihm seine Behinderung kaum an. Er wirkte relativ normal und unauffällig. Hin und wieder bekam er epileptische Anfälle, was meinem Bruder und mir immer Angst machte, wenn wir es miterlebten. Ganz vorurteilslos – wie Kinder im Grunde sind – war Markos für uns ein Spielkamerad, der nur ‚etwas anders‘ war als wir.

Opa liebte uns. Er war die wichtigste Person in meinem Leben, soweit ich mich an meine Kindheit und Jugend erinnern kann. Immer, wenn er mit mir kuscheln wollte, verlangte ich für jedes Küsschen eine Drachme. 100 Drachmen ergaben damals den Wert von 1 DM. Dieses ‚Spiel‘ war im Laufe der Zeit zu einem lustigen Ritual geworden. Opa nannte mich

‚javrimou‘, was übersetzt ‚Herzchen‘ heißt. Wassili nannte er ‚psychoulamou‘, was ‚das Innere meines Herzens‘ bedeutet. Wie schon an anderer Stelle erwähnt, sparte ich das Geld und wenn ich genug zusammenhatte, kaufte ich mir die Comics mit den Abenteuern des ‚Kleinen Cowboys‘ vom Kiosk des Markesinis, einem Bewohner aus dem Dorf, der für die damalige Zeit einen Luxus-Kiosk auf der oberen Seite der Gleise im Zentrum des Dorfes betrieb.

Markesinis führte ein beachtliches Sortiment an Waren in seinem kleinen Laden: von Zahnpasta, allerhand Süßigkeiten, Brot, Rasierklingen bis hin zu Zeitungen, Zeitschriften und Zigaretten. Es war ein Büdchen, wie man es bis heute teilweise noch im Ruhrgebiet kennt. Davor machte sich auf einer dicken Wolldecke ein großer Hund breit. Dieser hörte auf den Namen ‚Mantzalas‘ und war der ‚Mitarbeiter‘ und Aufpasser des Kiosks-Besitzers. Sein zottiges braunes Fell, seine lang herunterhängenden Schlappohren und seine großen treuen Augen gaben ihm ein drolliges Aussehen, womit er das Herz eines jeden Kunden im Sturm eroberte und seinen Beitrag zum Umsatz von Markesinis lieferte.

Immer wenn ich am Kiosk etwas kaufte, kam der Hund auf mich zu, ließ ein ‚Wuff‘ hören, sich streicheln, um sich nach dieser Anstrengung dann wieder auf seine geliebte Decke zu begeben und dort auszuruhen.

Die Heftchen, die ich mir kaufte, bestanden anfangs nur aus Illustrationen, später kamen auch Texte hinzu, welche die Bilder ergänzten. Dass die Texte erst später hinzukamen, war für mich insofern von Vorteil, da mein Interesse an dieser Reihe zu einer Zeit erwachte, als ich noch nicht lesen und schreiben konnte. Ich war ja noch zu jung, um die Grundschule zu besuchen.

Mich haben an den Comics zunächst die Hauptdarsteller dieser Reihe fasziniert. Da gab es zum Beispiel Jim Adams, den 18-jährigen Sheriff griechischer Herkunft, der im Wilden Westen von Amerika für Recht und Ordnung sorgte. Sein eigentlicher Name war Dimitrios Adamopoulos. Seine Assistenten, die ihn dabei unterstützten, waren der 18-jährige Mexikaner Pepito Gonzales, der einen Esel als Reittier besaß, die 16-jährige Diana Morrison und der 12-jährige Indianer Tsipiripo, der ohne Sattel reiten und perfekt Spuren lesen konnte. Diese Figuren repräsentierten eigentlich die gesellschaftliche Realität im damaligen Amerika.

Wenn auch Comics von vielen als Schund betrachtet und das Lesen von ihnen als wertlos befunden wird, da die mit Text gefüllten Textblasen ihrer Meinung nach nur Sprachverstümmelungen enthalten und die Illustration dem Leser die Möglichkeit nimmt, die eigene Fantasie ins Spiel zu bringen, so bin ich doch der Überzeugung, dass Comics bei Kindern Einfluss auf ihr Interesse an Literatur entwickeln können, wie ich es bei mir selbst erfahren habe.

Natürlich sollte ein Erwachsener bei seiner Lektüre nicht auf der Stufe von Comics stehenbleiben.

Doch für Kinder können diese bebilderten Geschichten den Einstieg ins Lesen bedeuten.

Nachdem das allgemeine Interesse am Lesen durch Comics geweckt wurde, kann der Wunsch entstehen, auch ‚richtige' Bücher zu lesen. Ich selbst bin durch diese Comics vom ‚Kleinen Cowboy' ans Lesen gekommen, habe später zahlreiche Bücher gelesen, habe Literaturwissenschaft im Zuge meines Germanistik-Studiums studiert und bin Lehrerin geworden. Angefangen hatte all das mit dem ‚Kleinen Cowboy', der somit als Auslöser angesehen werden kann.

Selbstverständlich besitzen Comics unterschiedlichen Wert in Text und Gestaltung. Doch dies zu thematisieren, würde den Rahmen dieses Buches sprengen.

Festzuhalten bleibt: Ein Comic, ich denke hier auch an illustrierte Klassiker wie zum Beispiel ‚Faust', ‚Onkel Toms Hütte' oder ‚Der Graf von Monte

Christo', kann trotz Reduktion des Inhaltes einen jungen Menschen an Literatur in Buchform heranführen, indem zunächst einmal Interesse geweckt wird. In meinem Fall hat dies sogar 'Der kleine Cowboy' geschafft.

Allgemein ist bei Kindern und Jugendlichen in der heutigen Gesellschaft leider ein Rückgang des Lesens zu beklagen. Selbst der über Jahrzehnte meistgelesene Karl May hat Leser eingebüßt und als Lehrerin habe ich mit Schrecken erfahren müssen, dass Kinder heute nicht mal mehr wissen, wer Winnetou ist.

Action-orientierte Computerspiele mit immensem Lärm als Hintergrundgeräusch sind eine zu große Konkurrenz für das stille Lesen. Sieger ist bei diesen Spielen oft der, der durch Abschießen die meisten Punkte sammelt. Wer dem anderen 'auf die Fresse haut', gewinnt, also immer der Stärkere.

Vor ihm hat man Respekt, vielleicht sogar Angst. Der Laute, Starke und Dreiste verschafft sich Gehör und setzt sich durch. Nur wenige Menschen haben in der heutigen Zeit noch Ohren für leise Töne und Muße zum Lesen.

Die ‚Sünden' von Opa Michael, Stiefoma Eucharia und meiner Eltern

Mein Bruder Wassili ist seit vier Jahren tot. Er starb 2019 an Lungenkrebs. Er fehlt mir. Sein Tod tut weh und hinterlässt eine Lücke. Ich vermisse ihn. Auch die Erinnerungen tun weh.

Einerseits lassen sie den Verlust deutlich werden, andererseits sind sie jedoch auch Balsam für Seele und Geist, weil mir durch sie bewusst wird, wie sehr mein Bruder in meinem Herzen weiterlebt. Ja, die Erinnerungen bringen Wehmut, Trauer, aber auch Freude und Dankbarkeit für die gemeinsamen Jahre mit all ihren Erlebnissen. Ich ertappe mich öfter dabei, dass ein Schmunzeln über mein Gesicht geht und Sehnsucht hochkommt, wenn ich an die gemeinsame Zeit zurückdenke.

So erinnere ich mich zum Beispiel an bestimmte Situationen aus unserer Kindheit in Kastanoussa.

Wir waren beide im Vorschulalter, ich um die fünf Jahre, Wassili um die sechs Jahre alt. Wir lebten mit unseren Eltern bei Opa Michael, dem Vater meines Vaters. Meine Eltern, bevor sie Anfang der 1960er-Jahre als Gastarbeiter nach Deutschland emigrierten, beschäftigten sich zu der Zeit mit Landwirtschaft und der Produktion von Tabakpflanzen.

Wir alle lebten in einem Haus mit vier Zimmern – zwei für die Eltern, Wassili und mich, zwei für Opa Michael und seine zweite Frau Eucharia. Zwischen den Zimmern erstreckte sich eine lange Diele.

Hier konnte man die dicken Holzbalken sehen, die das Dach stützten. Um den oben in der Mitte über dem Korridor sich erstreckenden Balken war ein dickes Seil geschwungen, dessen Enden zu zwei Schlingen gebunden herabhingen. Wenn die Seile nicht gebraucht wurden, befestigte sie Opa mit den Schlingen jeweils rechts und links an den Wänden, wozu dort Haken installiert worden waren. So entstand durch die geteilten Seile ein Bild in Form einer Gardine. Regelmäßig diente diese Vorrichtung allerdings dazu, ein etwa 90 cm langes Holzfass horizontal an den beiden Enden der Seile zu befestigen.

Dieses Holzfass wies in seiner Mitte eine ca. 10 cm breite Öffnung auf, worin die frisch gemolkene Milch von zwei Kühen, die Opa besaß, gefüllt und ca. 30 Minuten hin und her geschwungen wurde. Daraus entstand Butter und Molke. Diese Prozedur fand alle zwei Tage statt und wir Kinder mussten dabei helfen. Die beiden daraus gewonnenen Produkte brachten

durch ihren Verkauf etwas Geld in die Wirtschaftskasse des Hauses.

Ein einfaches Spülbecken ohne Wasserhahn und mit
Wasser in einem danebenstehenden großen Eimer
befand sich direkt hinter der Haupteingangstür auf
der rechten Seite des Raumes.

Mein Vater war der einzige Sohn der Familie und
damals war es üblich, dass der älteste Sohn das Elternhaus erben sollte und dort auch wohnen bleiben
musste. So schrieb es die Tradition vor.

Ein Auto oder einen Traktor besaßen meine Eltern
nicht, alle landwirtschaftlichen Arbeiten verrichteten
zusammen mit den Eltern die Haus- und Nutztiere.
Die Einnahmen wurden durch zwei geteilt, da Opa
Michael nach dem Tode seiner ersten Frau, Oma
Stawroula, eine andere Frau kennenlernte und sie
sogar auch heiratete, weil sonst im Dorf viel getratscht und negativ gesprochen worden wäre, wenn
jemand ohne Trauschein liiert war. Es galt als unmoralisch, in einer ‚wilden Ehe‘, also einer Beziehung
ohne Heirat, zu leben. Teilweise existieren bis heute
noch solche Ansichten und Vorurteile, vor allem in
ländlichen Regionen.

Opa war um die 60 Jahre alt, zu jung, um auf Dauer
allein zu bleiben, zumal die menschlichen Bedürfnisse nach Unterhaltung, Versorgung, Sexualität usw.

als solche bleiben, da der Mensch nicht dafür geschaffen ist, allein zu sein.

Eucharia, selber Witwe und Mutter von drei Kindern, die mittlerweile alle aus dem Hause waren, lebte allein und suchte einen Gatten. Also kam Opas Antrag ihr sehr gelegen. Ihr Mann war Mitte der 1920er-Jahre im Ersten Weltkrieg gefallen. Per Zufall kam sie nach Kastanoussa.

Sie war auf der Durchreise und wollte sich etwas Geld verdienen und ihr Leben neu planen. Hier fand sie eine Stelle als Pflegekraft. Im Ersten Weltkrieg war sie zuvor in einem Lazarett tätig gewesen. Hier hatte sie gelernt, Spritzen zu verabreichen und Verbände anzulegen. Drei Jahre Berufserfahrung reichten durchaus, um selbstständig zu arbeiten. Sie galt somit im Dorf als Semi-Krankenschwester und verdiente damit ihr tägliches Brot.

Opa lernte diese seine spätere zweite Frau während eines Besuches bei seinem Nachbarn Harald kennen. Harald der Tiflos (Blinde) hatte die neue ‚Krankenschwester‘ bei sich als Mieterin aufgenommen.

Das Dorf gefiel ihr. Es war in der damaligen Zeit gut bewohnt und gut strukturiert. Als größtes Dorf in der Umgebung waren Kunden von auswärts nicht selten. Außerdem gab es ein Mal am Tag eine Eisenbahn-Verbindung mit den Großstädten im Norden Griechenlands, was sich positiv auf den Verkehr in der Region auswirkte. Mittlerweile existiert diese Eisenbahnverbindung wegen mehrerer Unfälle nicht mehr und wurde durch Linienbusse ersetzt.

Dort, wo viele Leute leben und unterwegs sind, gibt es immer genug zu tun und genug Aufträge für alle dort arbeitenden Menschen. Mal braucht jemand eine Spritze, mal einen Verband, mal die Hilfe einer Geburtshelferin bei einer anstehenden Geburt. Die meisten Frauen gebaren ihre Kinder zu Hause und nahmen die Dienste von Eucharia gern in Anspruch. Mit ihren 60 Jahren sah sie recht ansehnlich aus. Durch ihre harmonischen Gesichtszüge, ihre grünen Augen, ihre roten Bäckchen und ihre saubere Erscheinung fiel sie positiv auf. Wie fast jede zweite Frau im Dorf trug sie stets schwarze Kleidung, da innerhalb der Familie oder Verwandtschaft immer ein Trauerfall vorkam.

Ich erinnere mich ganz schwach daran, wie Opa vor Glück über das ganze Gesicht strahlte, als Oma bei ihrer Trauung zum ersten Mal den Mut fasste, aus ihren dunklen Kleidern zu schlüpfen und ein langes braunes Kleidchen mit weiß gehäkeltem Kragen anzulegen. Gäste waren kaum eingeladen.

Ein Besuch als Gast hätte für die armen Bauern geheißen, ein Geschenk mitbringen zu müssen und somit die sowieso schon knappe Haushaltskasse in die Gefahr einer Ebbe zu bringen.

Als Lebensversicherung verschrieb Opa seiner zweiten Frau testamentarisch ein 10 Hektar großes Feld. Der Besitz eines solchen Landgrundstücks galt damals schon als ein kleines Vermögen.

Für Eucharia wendete sich das Leben, nachdem sie viel Schlimmes durchgemacht hatte, nun zum Positiven.

Es war die Zeit um 1961. Ihre Kinder waren größtenteils versorgt. Ihr ältester Sohn Theofanis besaß ein Restaurant in der zweitgrößten Stadt Griechenlands, Thessaloniki. Seine Geschäfte liefen anfangs bescheiden und er benötigte hin und wieder mal eine kräftige finanzielle Spritze.

Da seine Mutter im ‚Spritzen-Geben‘ ja fit war, bekam er diese regelmäßig von ihr. Irgendwie schaffte es die ältere Dame immer, an Geld heranzukommen und ihren Sohn damit zu unterstützen. Wie ich später erfuhr, verkaufte sie ohne Opas Wissen Produkte des Hauses in eigener Regie. Auch schreckte sie in ihrem Beschaffungseifer als Samariterin für ihren Sohn nicht einmal davor zurück, sich unrechtmäßig an Dingen zu vergreifen, die ihr nicht gehörten, sich aber hervorragend gewinnbringend weiterverkaufen ließen. Dies sollte auch meiner Puppe ‚Wanna‘ und einem Rubinring, welchen ich als Geschenk von meiner Mutter bekommen hatte, zum Schicksal werden.

Jahre später tauchten diese Sachen bei ihrer Enkelin auf und ich musste schmerzlich einsehen, dass meine Stiefoma mir meine so geliebten Gegenstände gestohlen hatte. Sie meinte es gut, indem sie ihren Kindern half, aber machte es schlecht, indem sie Opa und uns Kinder betrog.

Ihre Tochter Marina lebte mit ihrem Mann und ihren zwei Söhnen in der gleichen Großstadt wie ihr Bruder. Als hübsche und attraktive Frau war sie oft Blickfang vieler Männer. Ihr Gatte, ein schlanker unsympathischer Mensch, verbissen, eifersüchtig und jähzornig, sah dies überhaupt nicht gern. Er hielt sie fest im Hause. Nur in seiner Begleitung durfte Marina das Haus verlassen.

Er misshandelte sie regelmäßig körperlich und seelisch, um sich bei ihr Respekt vor ihm zu verschaffen. Dies ging solange gut, bis Marina eines Tages nach einem heftigen Streit mit ihm ihren gesamten Mut zusammenfasste und für immer die Tür hinter sich zuschlug. Ihre beiden Söhne und ihren kleinen Neffen Kyriakos, der ihr zur Betreuung anvertraut war, nahm sie mit.

Später lernte sie einen gutsituierten verständnisvollen älteren Herrn kennen, heiratete ihn und startete mit ihm ein neues, ruhiges und glückliches Leben. Ihre zwei Söhne, mittlerweile fast erwachsen, zeigten großes Verständnis für ihre Mutter.

Die Einstellung von Besitzdenken, wie Marina es bei ihrem ersten Mann leidvoll erfuhr, wobei Frauen als Eigentum bzw. Besitz der Männer betrachtet werden, war damals durchaus üblich und leider gibt es diese Denkweise auch heute noch in vielen Gebieten der Welt. Viele Frauen trauten sich aus Scham oder Angst oft nicht, die Beziehung zu beenden, wenn diese nicht mehr funktionierte.

Gedanken in verschiedener Hinsicht wie z. B. ‚Was werden wohl Familie und Nachbarn dazu sagen,

dass sie als Frau es wagt, ihren Mann zu verlassen?‘, aber auch finanzielle Abhängigkeit lieferten genug Gründe dafür, einiges zu erdulden. Es galt ja noch die damalige konservative Einstellung, die Frau bräuchte keine Ausbildung und keinen Job; beides wäre Männersache. Die alte Rollenverteilung, dass die Frau zu Hause bleibt, für Kinder, Haushalt und für die sexuellen Bedürfnisse des Mannes zuständig sei, wurde nicht infrage gestellt. Heute setzen sich gottseidank betroffene und mutige Frauen über solch veraltete und unkritische Konventionen bzw. Traditionen hinweg und lassen sich nicht mehr bevormunden oder für dumm halten.

Eucharias jüngste Tochter Filina wurde nach dem Ersten Weltkrieg durch eine Initiative für Waisenkinder unterstützt und in einem Internat in London untergebracht. Dort studierte sie Medizin und kurz darauf bekam sie eine feste Stelle als Ärztin in einem Londoner Krankenhaus. Ab und zu besuchte sie Oma Eucharia in Kastanoussa. Bei ihrem ersten Besuch schenkte sie mir und meinem Bruder Wassili eine Tafel Schokolade. Es war die erste Schokolade, die ich in meinem Leben kostete.

Beim Probieren dachte ich, ich wäre im Paradies.

Filina hatte einen offenen verständnisvollen Blick und strahlte Ruhe und Güte aus. Ich freute mich immer, wenn sie uns im Dorf in Griechenland besuchte – und dies nicht allein wegen der Geschenke, die sie stets mitbrachte.

Während eines Urlaubs auf der Insel Zypern lernte sie ihren zukünftigen Mann kennen. Er war griechischer Zypriot, Geschäftsmann und gut situiert. Die Beziehung gestaltete sich allerdings als eine nur kleine Episode: Blitzhochzeit, direkt danach ein Kind, Scheidung. Bei ihrem letzten Besuch um Mitte bis Ende der 1961er-Jahre brachte sie ihren Sohn aus London mit ins Dorf. Er wünschte sich so sehr seine einzige Oma und die Gegend, in der sie lebte, kennenzulernen. Kyriakos, mittlerweile um die elf Jahre alt, sprach fließend Englisch und beabsichtigte, hier sein gebrochenes Griechisch zu verbessern.

Da die Schwester seiner Mutter, Tante Marina, die in Thessaloniki lebte, selber zwei Jungen in seinem Alter besaß und ihn gerne bei sich aufnehmen wollte, war es sein Wunsch, in Griechenland bei der Tante zu bleiben. Seine Mutter willigte ein, weil sie dem Jungen gegenüber ein schlechtes Gewissen besaß. Sie hatte nie Zeit für ihn, war beruflich stark eingebunden – ein richtiges Familienleben fehlte. Kyriakos genoss es, endlich mal ein solches bei seiner Tante zu erleben und Spielkameraden zu haben. In London war er oft einsam, da seine Mutter als eine Karrierefrau wenig Zeit für ihn hatte. Somit stellte es sich im Nachhinein als eine gute Entscheidung für den Kleinen heraus.

Einige Jahre später besuchte der mittlerweile zu einem jungen Mann gereifte Kyriakos wieder einmal – diesmal allein – seine Oma im Dorf. Zufällig befand ich mich zu dieser Zeit als junge Studentin ebenfalls dort. Ich lernte in dem Enkel von Stiefoma Eucharia einen sehr netten jungen Mann kennen, der mir durch seine Reife und äußerst vernünftigen Gedan-

ken und Ansichten imponierte, zumal seine Denkweise sich in vielen Dingen mit der meinigen deckte.
Ich denke, der kleine Junge von damals entwickelte sich immer mehr zu einer großen Persönlichkeit.
So viel ich weiß, wurde er in späteren Jahren ein bekannter Herzchirurg in Paris.

Für die Arbeit bei der Bewirtschaftung seiner Felder setzte Opa seine zwei Ochsen ein, den Biko und den Wiko. Biko, den etwas Größeren und Stabileren und in der Farbe Ähnlichen, erkannte man besonders an der Form seiner runden, nach vorn gerichteten kleinen Hörner. Wiko unterschied sich von ihm durch seine langen, nach hinten gerichteten Hörner. Seine kleinere und muskulösere Statur, sein grauweißes glattes Fell und sein hübscher runder Kopf ließen ihn alle anderen Ochsen des Dorfes an Schönheit übertreffen. Beide Tiere waren lieb, zahm, fleißig und als Duo der Stolz meines Großvaters.
Mein Bruder Wassili spielte oft mit den beiden Freunden, wie er sie immer nannte.
Hatten sie keine Arbeit zu erledigen, grasten sie friedlich im Vorhof. Oft kletterte Wassili auf den Rücken der Tiere, packte sie an den Hörnern und spielte Cowboy. Die beiden Ochsen ließen sich alles

gefallen. Nur wenn mal eine Fliege sich in der Nähe ihrer Augen niederließ und nervte, versuchten sie durch Schütteln ihrer Köpfe das lästige Insekt zu vertreiben.

In Opas Stall lebten auch zwei Kühe, die Geschwister waren. Die ältere hieß Riza, die zwei Jahre jüngere Frosso. Beide gaben nicht nur viel Milch, sondern brachten auch viele Kälbchen zur Welt.

Opa pflegte all seine Tiere gut und wusste es zu schätzen, was sie leisteten und ihm boten. Waren die Kälbchen um ein Jahr alt, wurden sie verkauft, entweder zur weiteren Züchtung oder zum Schlachten. Dies brachte dem armen Bauern mehr Geld als die harte Arbeit auf den Feldern. Zudem waren die Zeiten nach dem Krieg sehr hart. Alles hatte seinen Wert und wurde mehr geschätzt als heutzutage.

Als Riza nach 18 Jahren keine Kälber mehr kriegen konnte und weniger Milch gab, verkaufte Opa sie. Frosso ereilte drei Jahre später das gleiche Schicksal. Beide landeten beim Schlachter. Ähnlich war es auch mit den beiden Ochsen. Als sie älter wurden und die zur Feldarbeit notwendige Leistung nicht mehr erbringen konnten, verkaufte Opa sie an andere Bauern aus dem Dorf – leider getrennt.

So verloren sie nicht nur ihr Herrchen, sondern auch ihren langjährigen Gesellen. Irgendwie müssen sie am Vorabend ihres Verkaufs Opas Vorhaben erahnt haben. Sie wirkten traurig, wollten nichts mehr fressen und muhten leise tiefe Töne die ganze Nacht hindurch. Leider fanden ihre jahrelangen unentbehrlichen Dienste, ihre Treue und Anhänglichkeit am Ende wenig Berücksichtigung. Alt, verbraucht, nicht mehr rentabel – also weg! Opa nahm den Tieren unvorbereitet und gnadenlos ihr Zuhause. Ergeht es Menschen, die aufgrund ihres Alters nicht mehr arbeiten können, ebenso?

Ein weiterer wichtiger Grund, warum die Tiere abgegeben werden mussten, war die Entscheidung meiner Eltern, als Gastarbeiter nach Deutschland zu gehen und dort neue Wege zu beschreiten. So emigrierte 1963 erst mein Vater und ein Jahr später folgte ihm meine Mutter. Wer hätte die Tiere versorgen sollen? Wer würde all die Arbeiten auf den Feldern erledigen? In die neue veränderte Situation passten die Tiere nicht mehr. Opa konnte sie nicht mehr halten, zumal er selber bereits körperliche Wehwehchen und das Schwinden seiner Kräfte wahrnahm.

Ich spürte als Kleinkind deutlich seine Trauer und Wehmut, wie sehr er seine Tiere vermisste.

Ja, ich glaubte auch, sein schlechtes Gewissen zu bemerken, dass er die Tiere für Geld abgegeben hatte und dies in gewisser Weise als Verrat an ihnen ansah. Doch als er zu dieser Erkenntnis kam, waren sowohl die Tiere als auch das Geld bereits weg.

„Und bald bin auch ich dran! Ich bin der Nächste, der den Abgang macht", hörte ich ihn eines Morgens zu sich selber sagen. Er wurde einsam und verlor seinen Lebensmut. Ohne Aufgaben, ohne Ziele, ohne Träume geht die Seele eines Menschen kaputt.

Opa hatte seine Tiere geliebt und sich immer verantwortungsbewusst um sie gekümmert. Er starb letztendlich friedlich zu Hause. Eines Tages war er ins Kafenion, der sogenannten Kneipe im Dorf, zum Kaffeetrinken gegangen, danach legte er sich zu Hause kurz hin und stand nicht mehr auf.

Auch die Eselin Arab musste nach 18 Jahren abgegeben werden. Opa nannte das Tier so, weil sie ein schwarzes Fell hatte. All die Jahre hindurch hatte sie fleißig, geduldig und treu gearbeitet. Alle zwei Jahre bekam sie ein Junges, das Opa direkt nach der Geburt in einen Sack steckte und erbarmungslos die nächste Schlucht hinabwarf. Er begründete sein hartherziges Handeln damit, dass Arab arbeiten und keine Mama-Rolle spielen solle. Diese würde sie nur von der Arbeit ablenken. Die Gefühle des Tieres haben ihn weder interessiert noch berührt. Arab vermisste tagelang ihr Fohlen, aß und trank nichts mehr, schrie nach dem Kleinen und weinte.

Mir tat das Schluchzen des Tieres im Herzen weh. Solch harte Methoden der relativ armen und oft dümmlichen Landbevölkerung, die in erster Linie an ihr Überleben dachte, als kleines Kind zu erfahren, war oft mit Leid und Schmerz verbunden. Mir fehlte damals jegliches Verständnis dafür.

In der Regel behandelte Opa seine Tiere gut, gab ihnen stets Futter und Wasser, gönnte ihnen Erholungspausen während der Arbeit. Doch letztlich behandelte er sie nicht als Lebewesen, sondern als Eigentum ohne eigene Rechte. Ihre Pflege diente nur dem Nutzen, den sie ihm brachten. Opa war streng und hart, aber korrekt. Leider hatte er weder Lesen noch Schreiben gelernt, weil zu seiner Zeit der Erste Weltkrieg ausbrach. Danach folgten die Flucht der Griechen aus Kleinasien und einige Jahre später der Zweite Weltkrieg. Trotz all dem bleiben einige seiner Taten für mich nicht zu entschuldigen. Auch bei fehlender Bildung hat der Mensch doch ein Herz und ein Gewissen, was sein Verhalten steuern sollte. Sich hinter Dummheit zu verstecken, ist ein Verrat gegen sich selber.

Die Geschehnisse überall auf der Welt zeigen uns täglich: Ungebildete Menschen können durchaus herzlich und gebildete Menschen herzlos sein.

Natürlich beeinflussen Traditionen und Erfahrung von täglich Selbstverständlichem in seinem Umfeld einen Menschen, doch ist ihm auch der Verstand gegeben, sich kritisch damit auseinanderzusetzen. Jeder kann immer noch für sich selber entscheiden, bis wohin er gehen kann und möchte und wo er ‚nein‘ sagt und bereit ist, andere Wege einzuschlagen und Veränderungen zu wagen. Dass dieser Weg, gegen den Strom zu schwimmen und sich einem Mitläufertum zu verweigern, nicht der leichteste ist, steht außer Frage.

Dies gelang Opa leider kaum. Sein Leben war geprägt von Schicksalsschlägen und irgendwann wurde er des Kämpfens müde. Das Fortführen alter Denk- und Verhaltensweisen brachte Bequemlichkeit und Akzeptanz im Dorf, wo die Mehrheit ähnlich dachte und handelte. Eine Entschuldigung oder Ausrede wurde somit gar nicht notwendig und überspielte diesen Selbstbetrug. So war Opa ein Opfer seiner Erziehung geworden. Er hatte gelernt, stets streng zu seinen Tieren zu sein und diese als ‚Mittel zum Zweck‘ zu betrachten. Ihre Existenz sollte dem Men-

schen helfen und dienen. Ich hoffe, Gott hat Opa
dieses Denken und Verhalten verziehen.

Auch meine Eltern hatten nie Lesen und Schreiben
gelernt, weil nach dem Ersten Weltkrieg und auch in
der Zeit danach allein ein Arbeiten auf den Feldern
verlangt wurde, um zu überleben. Und dies zur damaligen Zeit ohne jegliche Hilfsmittel!

Abgesehen von der Tatsache, dass im Dorf durch die
Zerstörungen des Krieges keine Schule mehr existierte, wäre ein Schulbesuch als Zeitverschwendung betrachtet worden. Rechnen und Zählen brachte das
Leben meinen Eltern mit fortschreitender Zeit auch
ohne Schulbesuch bei, alles Weitere jedoch versäum-
ten sie, da sie Opfer ihrer Zeit sowie auch ihrer gene-
tischen, sozialen und geographischen Determination
waren.

In Opas Stall lebten auch zwei Schweine. Sie fraßen
Gemüse, Kartoffeln, Mais und Essensreste. Davon
gab es auf dem Bauernhof zu Genüge. In der Vor-
weihnachtszeit kamen die Tiere zum Schlachter und
ihr Fleisch wurde zum Verkauf angeboten. Immer
wenn Schlachttag war, sprach es sich im Dorf herum
und wer es sich leisten konnte, kaufte sich Fleisch für
die Feiertage. Auch aus der weiteren Umgebung
strömten dann Menschen ins Dorf, um frisches
Fleisch zu kaufen, zumal es nur selten und recht un-

regelmäßig solche Fleischangebote aus der eigenen Züchtung gab. Ein derartiger Kauf wäre heutzutage mit dem Erwerb von Bio-Fleisch beim Bio-Bauern zu vergleichen.

Die Dorfbewohner unterstützten sich gegenseitig bei den Verkäufen ihres Fleisches. Nachdem der eine Bauer ein Tier hatte zerlegen lassen, kam der nächste an die Reihe, sodass ein Verdienst für alle geregelt war. Dies klappte gut und das Fleisch konnte bis auf das letzte Stück verkauft werden, ohne die Gefahr, dass etwas zu verderben drohte, weil es damals ja noch keine Kühlschränke im Dorf gab. Diese stellten zu der Zeit einen Luxusartikel dar. Die Einnahmen aus dem Verkauf des Tierfleisches, dem Verkauf der Ernte von den Feldern und den eingemachten Produkten aus dem eigenen Garten reichten zum Überleben aus.

Opa besaß zudem an die 20 freilaufende Hühner, deren Verkauf auch noch einen nicht zu unterschätzenden Gewinn für die Wirtschaftskasse des Hauses einbrachte.

Einen designierten Metzger gab es im Dorf bis zum Ende der 1950er-Jahre nicht. Semiprofessionell übte diesen Job Onkel Nikos aus, der zufällig unser Nachbar war. Als kleine Kinder beobachteten wir neugierig die ‚Zeremonie' des Schlachtens. Bis heute verdränge ich die Bilder von der Tötung der Tiere.

Allerdings schauten wir Kinder nicht aus Spaß zu, sondern weil wir stets darauf warteten, dass Onkel Nikos uns die Blase der geschlachteten Tiere schenkte. Diese füllten wir mit Wasser und spielten damit Fußball. Wir hatten ja keine Spielsachen, wir waren wie alle anderen im Dorf arm. Die wenigen Familien, die besser situiert waren, leisteten es sich, eine kleine Schafherde von sechs bis zehn Tieren zu halten. Eines davon wurde regelmäßig zu Ostern geschlachtet und gegrillt. Das war dann immer ein großes Fest, zu dem die gesamte Verwandtschaft und Nachbarschaft zum Mitfeiern eingeladen waren. Jeder brachte von zu Hause etwas mit: Salate, gefüllte Kohlblätter (Dolmadakia), sauer eingelegtes Gemüse (Toursi), Schafskäse (Feta), Joghurt-Dip (Tsatsiki), Süßgebäck (Tsourekia, Baklava, Kataifi), Wein (Retsina), selbstgebrannten Schnaps (Ouzo/Tsipouro) und anderes. Wir Kinder durften mit probieren. Heutzutage würden sich viele Leute, die sich als Moralisten für eine richtige Erziehungsmethode einsetzen, vielleicht darüber aufregen. Uns Kindern hat das Kosten von Retsina und Tsipouro nicht geschadet. Auch weiß ich aus heutiger Sicht, dass ein Erlauben einer Sache oft bessere Wirkung zeigt als ein Verbieten, da alles, was nicht verboten ist, schnell seinen Reiz verliert.

Zu Opas Familie gehörte zunächst mal seine erstgeborene Tochter, Tante Eleni. Sie bekam insgesamt neun Kinder, wovon nur eines überlebte. Alle anderen starben entweder direkt nach der Geburt oder als Säuglinge nach zwei bis drei Wochen. Tante Eleni war darüber sehr verzweifelt, wusste nicht, woran das lag. Geld um einen Frauenarzt aufzusuchen und eine eventuelle Ursache erforschen zu lassen, besaß sie nicht. Ihr Mann war Landwirt und ihn plagten die gleichen finanziellen Probleme wie alle anderen Bauern im Dorf.

Ein Arztbesuch ist bis heute noch eine teure Angelegenheit, zudem man nur an einen herankommt, wenn man privat bezahlt. Bei einer ernsten Erkrankung, die eine richtige und sofortige Behandlung erforderlich macht, kann es lebensbedrohlich werden, wenn man dem Arzt nicht über den Betrag der geforderten Bezahlung hinaus zusätzlich ein ‚Fakelaki‘ – im Orient als ‚Bakschisch‘ bekannt – anbietet. Ein armer Mensch, der ein solches Schmiergeld nicht aufbringen kann, findet nur selten Hilfe. Ein solch gut organisiertes Gesundheits- und Sozialsystem wie in

Deutschland gab und gibt es bis heute in Griechenland nicht.

Mein Vater war Opas zweitältestes Kind und einziger Sohn. Er hatte zwei Kinder, meinen Bruder Wassili und mich. Das erste Kind meiner Eltern, Konstantinos, war eine Woche nach der Geburt an Lungenentzündung gestorben. Kurz darauf kamen Wassili, knapp zwei Jahre später ich zur Welt. Viele Jahre später – nach 13 Jahren – kündigte sich mein kleiner Bruder Michael bei meinen Eltern an. Er entstand aus einem ‚Unfall‘ und wurde später zu einem großen Geschenk für meine Eltern. Obwohl sie ihn anfangs abzutreiben beabsichtigten, da er weder von den äußeren Umständen noch vom Alter meiner Mutter her in ihr Leben zu passen schien, entwickelte er sich letztendlich zu deren Stütze. Er war es nämlich, der bei meinen Eltern, als sie alt wurden, liebevoll bis zu ihrem Tode in Kastanoussa blieb, während mein älterer Bruder und ich nach Deutschland gegangen waren. Besonders für meine Mutter entwickelte sich Michaels Existenz zu einem glücklichen Vorteil. Durch einen Schlaganfall wurde sie zum Pflegefall. Michael versorgte und pflegte sie bis zu ihrem Tod. Opas Drittälteste, Tante Afrodite, hatte zwei Töchter. Eine davon kam mit einer geistigen Behinderung zur Welt. Zu einer notwendigen ärztlichen Behandlung, die zu Beginn der Krankheit noch Aussicht auf Heilung gebracht hätte, fehlten auch hier wieder die finanziellen Mittel.

Mittlerweile lebt sie nicht mehr.

Opas jüngste Tochter, Tante Despina, die bis heute noch in Kastanoussa lebt, bekam zwei Kinder, die beide in meinem Alter sind. Damals kam sie jeden Montag zu uns, um gemeinsam mit meiner Mutter und Stiefoma Eucharia Brot für die laufende Woche im Holzofen zu backen. Diesen ‚Fourno' (Backstein-ofen) hatte Opa mit seinen eigenen Händen und fast ohne Werkzeug gebaut. Er befand sich draußen vor dem Haus, rechts neben dem Hauseingang. Das Backmehl gewannen wir aus eigener Produktion.

Daran mangelte es nie. Jede Backrunde ergab sieben bis acht frische 50 x 15 cm große Weißbrote. Frisch schmeckten sie prima, doch am zweiten Tag wurden sie schon hart und wir mussten sie dann immer in Wasser tauchen, weil wir unsere Zähne behalten wollten.

Mit Oliven oder frischen Tomaten belegt schmeckte das Brot hervorragend. Mehr gab es nicht.

Butter wurde selbst hergestellt und auf dem Markt verkauft. Ab und zu tröpfelte man mir etwas Oliven-öl aufs Brot, wie wir es heute vom Italiener und der Pizza her kennen.

Meine erste Banane probierte ich mit erst sieben Jahren. Mein Vater kam ein Jahr nach seiner Emigration aus Deutschland zu Besuch und brachte Wassili und mir je eine dieser uns bis dahin unbekannten Früchte mit. Diese Banane schmeckte so süß und lecker, dass ich die Innenseite der Schale auskratzte und ableckte. Noch heute zeigt ein Foto diese Situation der Ankunft des Vaters: Darauf sieht man einen kleinen viereckigen alten Holztisch im alten Haus in Kastanoussa, in der Mitte auf dem Tisch ein altes Radio, dahinter meinen Vater stehend, rechts daneben Wassili und links mich. Mein Vater legt uns seine Hände umarmend über die Schultern.

Obwohl ich überzeugt davon bin, dass wir Kinder für ihn sein Ein und Alles bedeuteten, war die Art und Weise, dass und wie meine Eltern uns verließen und nach Deutschland als Gastarbeiter gingen, nicht in Ordnung. Dieses Verlassenwerden tut mir bis heute weh, zumal ich auch erst jetzt erfuhr, dass Papa nur gekommen war, um Mama abholen. Sie sollte mit nach Deutschland, um als Gastarbeiterin in einer Streichholzfabrik Geld zu verdienen.

Auch litt mein Vater natürlich in Deutschland darunter, allein und ohne seine Frau in einem fremden Land zu leben. Sicherlich beschäftigte und belastete es meine Eltern, was aus uns Kindern werden sollte;

wir waren jedoch ein sekundäres Problem, weil sie sich damit trösteten ‚Wir arbeiten ein bis zwei Jahre im Ausland und kommen dann wieder zurück'. Auch die Worte ‚Wir tun dies alles nur für euch, damit ihr später einmal eine bessere Zukunft habt als wir', beruhigten ihr Gewissen.

So ging Mutter also mit. Wir Kinder wurden völlig unvorbereitet bei Opa zurückgelassen. Er und die Stiefgroßmutter sollten ab sofort für uns sorgen. Wir weinten und riefen nach der Mutter, ähnlich wie es auch Arab tat, nachdem ihr das frisch geborene Fohlen weggenommen worden war.

Warum hatte man uns nicht darauf vorbereitet?!

Plötzlich und hart konfrontierte man uns Kinder mit der neuen Situation. Ich war erst sechs Jahre alt, Wassili gut sieben. Wir klagten und weinten, bis wir keine Tränen mehr hatten.

Opas Herz zerriss aus Trauer und Mitgefühl, uns in diesem Zustand zu sehen. Er konnte es nicht mitansehen, wie wir kleine Menschen den Kopf senkten und am ganzen Körper zitterten.

Einen Moment lang überlegte er laut, ob er den Eltern nach Thessaloniki, von wo der ‚Hellas Express' am nächsten Morgen nach Deutschland abfuhr, nachfahren sollte.

Dass Opa dieser Gedanke kam und er so sehr mitlitt, lag auch daran, dass bei ihm Erinnerungen an sein eigenes Leben hochkamen. Wie oft hatte er Abschiede hassen gelernt. Auch er musste emigrieren. Wie viele Tränen waren vergossen worden, wie viele Hoffnungen, Wünsche und Träume platzten damals, als er jung und voller geschmiedeter Pläne war?! Wie schnell war alles anders gekommen!

Ich erinnere mich an sein trauriges Gesicht und an seine Worte, als er halblaut und mehr zu sich selber sagte: „Junge Leute muss man frei lassen. Sie haben das Recht so zu leben, wie sie es möchten."

Auch für meine Eltern war es sicherlich nicht leicht, ihre beiden Kinder zurückzulassen und in die Fremde zu gehen. Sie sahen in Deutschland aber eine Perspektive für sich, wir für uns im Dorf nicht.

Zurück- und alleingelassen, ohne vorher ein erklärendes Wort zu hören, das war unmenschlich, war ein Attentat gegen uns und unsere Entwicklung.

Heute bin ich meinen Eltern nicht böse, kann es aber nicht vergessen. Es hat mich getroffen und meine gesamte Entwicklung geprägt. Worte wie ‚Wir haben es gut gemeint, wollten nur euer Bestes' sind leicht gesagt und vielleicht sogar ehrlich gemeint. Zum damaligen Zeitpunkt kam es aber für meinen Bruder und mich unpassend und war kaum zu verantworten.

Auch die Art und Weise, wie sie es machten, erscheint mir bis heute unfair und feige. Sie dachten an sich und ihre Zukunft: „Schnell weg von hier, die Kinder werden schon klarkommen."

So erging es vielen Kindern in dieser Zeit, Kindern sogenannter Gastarbeiter, Kindern aus Griechenland, aus Italien, Spanien, Portugal. Die deutsche Wirtschaft brauchte nach dem Krieg billige Arbeitskräfte, die die Konjunktur hochkurbeln sollten. Das Problem, dass diese Menschen mit der Zeit ihre Familien nachholten, Wohnungen und Arbeitsplätze benötigten sowie Kita- und Schulplätze für ihre Kinder, daran wurde nicht gedacht. Die Integrationsprobleme der folgenden Jahre zeigen, wie wenig man anfangs auf die Entwicklung der Gastarbeiter-Problematik vorbereitet war.

Hauptsache, die Kinder kamen nach, konnten eine deutsche Schule oder einen Muttersprachenunterricht besuchen, welchen es bereits seit Anfang der 1960er-Jahre in Deutschland gab. Kinder lernen leicht und schnell, wodurch man glaubte, einer unproblematischen Integration stünde nichts im Wege. Die meisten Gastarbeiterfamilien kamen aus ärmeren Verhältnissen, besaßen selber kaum Schulkenntnisse, hatten keinen richtigen Beruf erlernt. Wichtig für sie war, eine Arbeit zu haben und Geld zu verdienen.

Ihre Kinder sollten es mal besser haben als sie, würden in Deutschland gut lernen und eine Ausbildung machen.

Ich selber kam als Migrantenkind nach dem Abitur nach Deutschland, lernte Deutsch, studierte Germanistik für das Lehramt und arbeitete viele Jahre als Lehrerin an vielen Schulformen mit Schülern unterschiedlicher Nationalitäten. Somit spreche ich aus eigener Erfahrung, wenn ich sage, dass ein Neuanfang in einem fremden Land das Erlernen der Sprache des Gastlandes voraussetzt.

Die Sprache ist das wichtigste Mittel um zu verstehen, sich verständlich zu machen und seine Vorstellungen zu erreichen. Durch sie gewinnt man Selbstständigkeit, Freiheit und Macht.

Die Kleinasiatische Katastrophe
mit all ihren Folgen für meine Familie

Zwischen 1919 und 1922 einigten sich Griechenland und die Türkei auf einen Bevölkerungsaustausch.

Die jeweiligen Minderheiten in den Ländern sollten die Seiten wechseln, der Bevölkerungsaustausch zwischen Griechenland und der Türkei – Christen hierhin, Muslime dorthin – sollte endlich dem Krieg und der Vertreibung ein Ende machen. Bis heute noch bleibt diese Migration ein Stück schmerzhafter Vergangenheit.

Nach dem Ersten Weltkrieg lagen große Teile der Welt in Schutt und Asche. Zwischen 1928 und 1963 fanden bedeutende Migrationswellen überall auf der Welt statt. Zu diesem Thema entstanden viele Lieder, welche die Strapazen, das Leid und die Hoffnung auf Liebe und Frieden der Menschen nach den Kriegen besingen. In späteren Phasen stehen stets die Trennung des Mannes von seiner Familie, die neue Heimat, die Einsamkeit in der Ferne und die Sehnsucht nach der alten Heimat sowie der Wunsch einer Rückkehr in diese im Mittelpunkt. Das ist aber gar nicht so leicht. Was ist mit den Nachkommen, den Kindern, die in Deutschland geboren sind? Was ist mit

denjenigen, die in Deutschland eine neue Heimat gefunden haben und die Heimat ihrer Eltern nur von
Bildern oder Urlauben kennen? Für sie ist eine Rückkehr in die Heimat der Eltern oft nicht mehr Wunsch
und Ziel.

Die Einwanderungsgeschichte von Griechen, Italie-
nern, Spaniern und später auch Portugiesen, Jugos-
lawen, Türken und Marokkanern begann 1961.

1973 kam es zu einem Anwerbestopp. Gründe dafür
waren die Ölkrise und die damit verbundene Wirt-
schaftsflaute. Der Familiennachzug brachte viele
Probleme mit sich. Länder, die damals in die noch
EG benannte EU aufgenommen worden waren, hatten u. a. ein Abkommen mit den deutschen Schulbe-
hörden, welche auch muttersprachlichen Unterricht
anboten.

Das Herkunftsland schickte dafür zwei bis fünf Jahre
Lehrer nach Deutschland, die diesen MEU (muttersprachlichen Ergänzungsunterricht) erteilten. Dies
war besonders attraktiv für die Eltern, die vorhatten,
irgendwann mit ihren Kindern in die Heimat zurückzukehren.

Meine Eltern holten uns Mitte der 1960er-Jahre zu
sich nach Deutschland. Ich besuchte die zweite Klasse, mein Bruder die vierte. Auch wir bekamen drei
Stunden in der Woche muttersprachlichen Unter-

richt in Griechisch. Dieser Unterricht lief im Vor- und Nachmittagsbereich zusätzlich zum regulären Unterricht.

Nach der Grundschule mussten wir wieder nach Griechenland, um dort eine weiterführende Schule zu absolvieren. Wassili schloss danach eine Berufsausbildung als Elektriker in einem privaten Internat ab, ich besuchte das Gymnasium und machte mein Abi. Aber dieses Hin und Her zwischen Griechenland und Deutschland, was unsere Eltern geschehen ließen, war eine absolut unüberlegte Fehlplanung. Kaum fingen wir in Griechenland an, uns in einer Sprache zurechtzufinden, wurden wir wieder herausgerissen. Wir sind ‚herumgerudert‘ und haben vieles autodidaktisch erlernt. Kaum war das eine geschafft, folgte die nächste Herausforderung: Wie geht es nach der Pflichtschule weiter? Die Eltern schickten uns wieder zurück nach Griechenland.

Immerhin wollten sie ja auch bald für immer zurück in die Heimat. Doch diesmal waren wir alt genug, um auch unsere Wünsche zu äußern und einfließen zu lassen.

Eines hatten die Eltern bei all ihren Planungen stets übersehen und unterschätzt. Wir wurden bei all dem ja nie gefragt und wollten mittlerweile gar nicht mehr zurück nach Griechenland. Deutschland war für uns bereits auch zur Heimat geworden, wo wir Freunde, berufliche Perspektiven, mehr Freiheit besaßen und leben wollten.

Sicher würden wir die erste Heimat nicht vergessen, sondern weiterhin die für uns positiven Dinge – Sprache, Sitten, Speisen u. a. – im Herzen tragen. Und ich denke, das ist uns auch gelungen. Wir schafften es, uns zu integrieren und in Deutschland wohlzufühlen.

Doch zurück zur Kleinasiatischen Katastrophe mit all ihren Folgen für meine Familie: Die Familien meiner beiden Opas wohnten seit der griechischen Antike als Emigranten im kleinasiatischen Bereich. Sie sprachen ihre Muttersprache, eine Mischung von Alt-, Neugriechisch und Türkisch, pflegten ihre Kultur und lebten friedlich in ihrer Region.

Die Kleinasiatische Katastrophe von 1919 bis 1922 traf Opa Michael, den Vater meines Vaters und Opa Savas, den Vater meiner Mutter, sehr hart. Es gab massive kriegerische Auseinandersetzungen zwischen dem Königreich Griechenland und dem anatolischen Teil des Osmanischen Reiches, das im Ersten Weltkrieg zerschlagen wurde. Viele Griechen, auch meine beiden Opas, mussten ihre Heimat verlassen. Die Region um das Schwarze Meer war fast nur von emigrierten Griechen besiedelt.

Dort, in der Provinz Ordu, lebte Opa Savas – damals noch als Jugendlicher – mit seiner Familie. Auch in der Region um Izmir waren viele Griechen zu Hause. Von dort stammte Opa Michael. Nach der Kleinasiatischen Katastrophe hatten beide Familien – wie tausend andere auch – ein ähnliches Schicksal. Sie mussten ihre Heimat verlassen, genauso wie es heute die Menschen aus der Ukraine tun, seitdem Russland dort den Krieg begann.

Ähnlich geht es auch anderen Menschen auf der Welt, die durch Flucht Freiheit und Sicherheit in demokratischen Ländern suchen.

Auch die Griechen in Kleinasien mussten aus der Türkei fliehen, weil sie sich sonst den Moslems und Türken hätten fügen müssen. Eine Islamisierung stand bevor.

Am 22. August 1922 verließ ein riesiges Boot die kleinasiatische Küste. Die Vertreibung und Vernichtung der Griechen aus Kleinasien sowie das Ende der dreitausendjährigen Besiedlung der kleinasiatischen Küstengebiete begannen. Und wie ist es heute? Die Provokationen und Streitigkeiten im Mittelmeerbereich sind nicht weniger geworden.

Mein Opa erzählte mir viele Geschichten und berichtete mir von Menschenschicksalen aus seiner

Jugend in seiner damaligen Heimat. Vieles kam mir ungerecht vor und klang für meine jungen Ohren nicht abenteuerlich, sondern furchtbar, grauenvoll, unmenschlich.

An manchen langen Winterabenden herrschte im Dorf Dunkelheit und eisige Kälte. Langeweile machte sich breit. Ich war inzwischen sechs Jahre alt. Fernsehen gab es nicht, Spielsachen hatte ich keine. Opa hatte uns, meinen Bruder Wassili und mich, sehr lieb. Oft umarmte und streichelte er uns zärtlich.

Wünschte er sich ein Küsschen auf die Wange, so erhielten wir jeweils eine Drachme von ihm. Wir sammelten das Geld Stück für Stück, jeder für sich. Wassili kaufte sich damit das alle zwei Monate erscheinende Comic-Heftchen ‚Tarzan', während ich den Comic ‚Der kleine Cowboy', welcher ebenfalls alle zwei Monate herauskam, sammelte. Dies war eine Serie mit Abenteuergeschichten, ähnlich wie ‚Winnetou' bei Karl May. Im Laufe der Jahre wuchs es zu einer recht beachtlichen Sammlung an. Leider waren später alle Hefte verschwunden und nicht mehr auffindbar. So ist es oft, wenn man jüngere Geschwister hat; denn mittlerweile war mein jüngerer Bruder Michael zur Welt gekommen – zu der Zeit waren Wassili und ich bereits 16 und 14 Jahre alt.

Michael hatte richtig ‚aufgeräumt', bis alles weg war. Teilweise bastelte er aus den dickeren Heftseiten ‚Schwalben', die er dann fliegen ließ, oder er formte mit dem Papier Bällchen, womit er mit den neuen Freunden, die er im Dorf gewann, Boccia-Wettkämpfe veranstaltete. Für ihn war im Dorf ja alles neu und meist langweilig, nachdem meine Eltern 1985 mit ihm für immer nach Griechenland zurückgekehrt waren. Michael musste überall herumschnüffeln und schauen, was auf dem Dachgeschoss von uns älteren Geschwistern so alles herumlag.

Vom Frühjahr bis spät in den Herbst hinein gab es genug Arbeiten auf dem Lande zu erledigen.

Die dunklen Winterabende im Dorf dagegen zogen sich lang hin und verliefen recht öde. In dieser Zeit fanden zum Vertreiben der Langeweile regelmäßig gegenseitige Besuche zwischen Familien, die sich gut verstanden, statt. Zu Opa Michael kamen immer viele Freunde, die er von früher kannte.

Einer davon war Opa Teli-Stavros (der verrückte Stavros). Man redete und erzählte, rauchte selbstgedrehte Zigaretten, trank Kaffee, aß Weißbrot mit Schafskäse, Oliven, frischem Knoblauch und Tomaten. Diese sogenannte Parea (geselliges Beisammensein) ging bis spät in die Nacht. Elektrisches Licht gab es noch nicht, eine kleine Öllampe leistete

112

ihre Dienste. Als sechsjähriges Kind ohne Spielsachen fiel es mir nicht immer leicht, bei solchen Besuchen still und ruhig zu sitzen und Dingen zuzuhören, die ich zudem meist gar nicht verstand. Wurde ich dann unruhig, drohte mir Teli-Stavros, er würde meine Hand aufessen und herunterschlucken. Wenn ich im Halbdunkel seinen ernsten Gesichtsausdruck, seinen durchdringenden Blick, seine dunkle Stimme und seine überzeugende Gestik dabei sah, kann man vielleicht verstehen, dass ich es ihm glaubte. Er hatte keine Zähne mehr und sein Mund wirkte im nur wenig beleuchteten Raum wie ein unendlicher Abgrund. Ich erinnere mich, wie ich vor Angst zitterte, als er eines Abends meine rechte Hand nahm und sie in Richtung seines Mundes führte. Seine Drohung war von Erfolg gekrönt und ich wurde schlagartig ruhig.

An genau solch einem Abend erzählte Opa Michael über die Schifffahrt von Izmir, seiner alten Heimat, wo seit Jahrtausenden viele Generationen von Griechen bereits aus der griechischen Antike als griechische Emigranten lebten, nach Athen und von dort aus weiter nach Thessaloniki.

Das Schiff war überfüllt und ganz unter türkischer Kontrolle. Soldaten mit Gewehren wachten an verschiedenen Stellen im Boot. Man traute sich kaum zu atmen. Mit ins Boot stiegen außer Opa Michael sein drei Jahre älterer Bruder Wassili und seine zwei Jahre ältere Schwester Eudokia. Opas Eltern waren bei einem Militärangriff während des Ersten Weltkrieges ums Leben gekommen. Zurück blieben die Erinnerungen an die Bitternis des Krieges.

Am Hafen von Izmir drängten sich zahlreiche verängstigte Leute. Jeder wollte die Flucht ergreifen und sich retten. Opa fiel in der Warteschlange eine junge Frau – fast noch ein Mädchen – auf. Sie schien ohne Begleitung zu sein, sah verweint, verlassen und unglücklich aus. Keiner der Passanten kümmerte sich um sie oder half ihr. Später erfuhr man, dass ihre gesamte Familie bei einem Bombenangriff umgekommen war. In Sekunden waren die Eltern und ihr 18-jähriger Bruder Stathis ausgelöscht und ihr Zuhause dem Erdboden gleichgemacht worden. Nichts blieb vom Hof übrig, nicht einmal ein Erinnerungsfoto oder irgendein Gegenstand.

Allein als Mädchen ohne Vormund in Kriegszeiten unterwegs zu sein, kam damals – wie auch noch heute – fast einem Todesurteil gleich. Die Gefahren von sexuellen Übergriffen waren an der Tagesordnung. ‚Wo kein Kläger, da kein Richter'. Es geschahen Untaten, die vermeintlich niemand gesehen hatte und aus Angst auch nicht gesehen haben wollte. Heute wird so etwas als Kriegsverbrechen verfolgt und bestraft.

Das schlanke blonde junge Mädchen hieß Stawroula und war erst 14 Jahre alt. Es war allein, hatte niemanden aus seiner Familie dabei. Alle Verwandten waren getötet worden. Es hatte alles bis auf sein nacktes Leben verloren.

Während die Flüchtlinge auf die große Fähre warteten, erzählte das Mädchen Opas Familie, die vor ihm in der Wartereihe stand, seine traurige Geschichte. Opa handelte sofort. So ein hübsches Mädchen sollte nicht solch ein bitteres Schicksal haben, war sein erster Gedanke. Aus Sympathie, Sorge und Mitleid heiratete er Stawroula ganz spontan vor Ort, bevor sie auf das Schiff gelassen wurden. Als Trauzeuge dienten Opas zwei Geschwister. Nur so konnte er die junge Frau davor bewahren, von den Soldaten vergewaltigt zu werden, den vermeintlich bevorstehenden Belästigungen durch fremde Männer zu entgehen und unversehrt Griechenland zu erreichen.

Seine ‚Blitzheirat' stellte sich später für Opa als ein Glücksgriff heraus. Seine junge Braut entwickelte sich nämlich später zu einer tollen Frau mit großem Herzen, großem Fleiß und großem Humor. Die Ehe hielt so lange, bis der Tod die beiden trennte. Und wiederum lag es an der mangelnden medizinischen

Versorgung. Oma starb innerhalb weniger Tage an den Folgen einer nicht rechtzeitig behandelten Mittelohrentzündung. Sie hinterließ ein großes Loch und war nicht zu ersetzen.

Viele Jahre später durfte ich nach meiner Geburt ihren Namen tragen.

Am gleichen Abend vernahm die Gesellschaft, die sich um Opa herum versammelt hatte, noch eine weitere Geschichte: diesmal jedoch etwas sehr Trauriges mit tragischem Ausgang.

Opa berichtete – selber stark ergriffen – von einem 12-jährigen Mädchen, das ebenso wie seine spätere Frau allein auf der Flucht von Kleinasien nach Griechenland war: ein kleines blondes Mädchen mit lockigem Haar, schmächtig, dünn, fast noch ein Kind. Es hieß Afroula. Zehn türkische Soldaten, welche die Aufsicht bei der Übersiedlung am Boot führten, vergewaltigten es brutal. Einer nach dem anderen fiel über den jungen Körper her und verging sich an der kleinen Afroula. Diese Untat ging über Stunden, bis das schwache Mädchen weder die Kraft zur Gegenwehr noch zum Schreien hatte. Afroula lag schließlich leblos da, die Augen noch offen, der Blick leer. Keiner traute sich etwas zu sagen.

Alle Mitreisenden, darunter auch meine Großeltern, schwiegen aus Angst.

Opa stiegen Tränen in die Augen, als er davon erzählte. Seine Stimme zitterte, sein Blick sank, sein Oberkörper bebte, als die Bilder von damals wieder in ihm hochkamen. Er litt noch immer stark unter den schrecklichen Szenen und machte sich Vorwürfe, weil er in der Situation nichts unternommen und keinen Mut bewiesen hatte, der grauenvollen Tat ein Ende zu machen. Er litt, weil ihn diese Erinnerungen verfolgten und belasteten. Er schämte sich für sein damaliges Verhalten. Afroula war tot, geboren, um als Opfer zu sterben. Ihre Leiche warfen die für die Schandtat Verantwortlichen anschließend ins Meer, um keinen Ärger zu bekommen.

„Und wieder traute sich niemand, etwas zu sagen", hörte ich Opa leise und resigniert flüstern. Und mit lauterer Stimme setzte er hinzu: „Keiner hatte den Mut, ‚Stopp' zu sagen. Auch ich nicht. Möge Gott es mir verzeihen!"

Afroula wurde von niemandem vermisst, sie war nirgends registriert. Sie kam und ging wie ein Schmetterling und blieb tief in Opas Erinnerung. Ihr blondes gelocktes Haar, ihr hübsches Gesicht mit den zwei Grübchen, die sich beim Lächeln an ihren Bäckchen zeigten und ihre strahlenden Augen konnte Opa nie vergessen und er verglich sie mit der Sonne, ja mit dem Sonnenschein. Später haben Oma und Opa eine ihrer Töchter Afroula genannt. Somit lebte zumindest ihr Name weiter.

Fünfzehn Jahre später besuchte ich Opa als junge Studentin in Kastanoussa. Er thematisierte wieder den Fall ‚Afroula' und seine Augen wurden wieder feucht, als er mir folgende Sätze sagte: „Der türkische Nachbar in der ersten Heimat war stets freundlich, hilfsbereit und anständig. Wir hatten keinen Streit und keine Probleme miteinander, bis die Soldaten ins Dorf eindrangen und uns klarmachten, wir wären Feinde. Warum denn auf einmal? Wodurch?

Wir haben uns doch gut verstanden, lebten friedlich miteinander. Die Politiker hatten die Probleme und wollten uns einreden, dass wir sie hätten. Eigentlich war deren Machtgeilheit der Hauptgrund, uns so gegeneinander aufzuhetzen. Wir waren Opfer von Machtbestrebungen ehrgeiziger Politiker. In einem Krieg leiden beide Seiten. Es gibt überall Opfer und Leid und die Schuld dafür trifft auch viele Menschen. Sie wollen immer mehr, immer mehr Geld und Macht, wodurch man nicht mehr in Frieden und in Ruhe leben kann. Das ist keine gerechte Welt. Die Menschen vergessen, dass irgendwann alles vorbei ist, dass wir direkt mit der Geburt auch unser Todesurteil mitunterschreiben. Wir nehmen nichts mit, bis auf zwei Meter Erde nach dem Tod."

Diese Worte gehen mir bis heute noch ‚kalt durch‘ und berühren mich sehr. Dieser einfache alte Mann, der nicht mal lesen und schreiben konnte und zufällig mein Opa war, sprach solch weise Worte aus.

Von unbeantworteten Fragen, überholten ungeschriebenen Gesetzen und falschen Moralvorstellungen

Wieder eine schlaflose Nacht! Insgesamt drei Stunden geschlafen, dann lag ich wach in meinem Bett und die Gedanken rotierten in meinem Kopf, spielten verrückt, ließen mich nicht mehr los. Wälzte mich von links nach rechts und wieder zurück, legte mich auf den Rücken in der Hoffnung, das Gehirn würde etwas Ruhe geben. Die Wirbelsäule entspannte sich, beide Arme lagen neben der Hüfte, die Handflächen nach oben zeigend, die Augen zu, tiefes Ein- und Ausatmen wie beim Autogenen Training und beim Yoga. Für einige Minuten ein wenig körperliche Entspannung, dann siegte die Maschinerie der quälenden Gedanken abermals über den verzweifelten Versuch einzuschlafen.

Legte mich auf den Bauch, nahm ein Fritzchen unter den Kinn-Hals-Bereich. Wieder einige Minuten etwas Gedankenruhe und Dös-Zustand, bis diese nächtliche Tortur wieder von vorne begann. Die Gedanken im Kopf, das Schwitzen, die Sorgen, die bei Tageslicht eine Kleinigkeit ausmachen, nehmen in der Nacht Gestalt an, werden zu unüberwindbaren Bergen und lassen das Bettzeug nass werden.

Jede Nacht das gleiche Theater, egal, ob ich mich früh oder spät zum Schlafen hinlege. Das Herumwälzen macht einen verrückt. Mein Neurologe meint, diese Symptome deuten auf unverarbeitete Erlebnisse und Erfahrungen aus der Vergangenheit.

Ja, man kann sie nicht abstellen. Sie quälen und plagen, machen die Seele kaputt.

Was sind es für Gedanken? Alles Mögliche geht einem da durch den Kopf: Wichtiges und Unwichtiges, Reales und Irreales, Erinnerungen, Szenen, bei denen sich Vergangenheit und aktuelle Situationen mischen. Man sagt sich: Lasst mich in Ruhe! Das ist jetzt meine Zeit, in der ich abschalten will, in der nichts interessiert und wichtig ist und die ich zum Regenerieren brauche.

Doch je mehr man endlich schlafen möchte, umso weniger gelingt dies und die Gedanken sind einfach da. Die meisten beschäftigen sich mit Erinnerungen aus meiner Kindheit und hängen mit Sachen zusammen, die ich mit meinem verstorbenen Bruder Wassili erlebt habe.

Dabei kommen Fragen auf, ob mein Bruder und ich alles richtig gemacht haben, ob wir den Eltern gegenüber gerecht gehandelt haben, als wir uns entschieden, in Deutschland zu bleiben.

Hier lebten anfangs auch sie und verdienten ihr Geld als Gastarbeiter. Als die Eltern nach 25 Jahren Leben in Deutschland eine Summe angespart hatten, die in Griechenland einen weit höheren Wert besaß, fassten sie den Entschluss, in ihre Heimat zurückzukehren und in Kastanoussa ihr altes Leben fortzusetzen bzw. ein neues zu beginnen. Mein Bruder und ich, die ja damals zunächst noch im Dorf gelebt hatten und erst später nach Deutschland emigriert waren, fühlten uns jedoch hier in Deutschland sehr wohl. Sehr schnell erkannten wir, dass uns das Leben in der neuen Heimat so manchen Vorteil bot und Vieles ermöglichte, was wir in Griechenland nicht hatten. Somit entschieden wir uns, hier zu arbeiten und zu leben. Ja, wir ‚machten unseren Weg‘, hatten unser Auskommen und fanden Anerkennung. Zudem genossen wir das Angebot im kulturellen und sportlichen Bereich.

Unsere Eltern brauchten weder für uns zu sorgen, noch sich um uns zu sorgen. Sicherlich war unser Weg auch mit Höhen und Tiefen gepflastert, doch durch den Glauben an uns selbst erreichten wir letztendlich unsere angestrebten Ziele.

Was mich jedoch störte, war die Tatsache, dass dies den Eltern als selbstverständlich schien. Sie zeigten kein Gefühl, stolz auf uns zu sein. War es Gleichgültigkeit, Desinteresse oder Selbstverständlichkeit, dass wir als ihre Kinder zu so etwas fähig waren? Ich weiß es bis heute nicht. Doch eines kann ich mit Gewissheit sagen: Weder die Zeit als Kind in Kastanoussa ohne die Eltern, noch die Zeit später als Jugendliche und Erwachsene in Deutschland ohne die Eltern waren leichte Zeiten für mich.

Traurige Erinnerungen geben mir einen Stich ins Herz. Warum haben uns die Eltern als Kleinkinder bei Opa und Stiefoma in Kastanoussa zurückgelassen und sind nach Deutschland gegangen? Warum geschah dies ohne jegliche Vorwarnung? Fange ich etwa wieder an, mich selbst zu bemitleiden?

Denke ich egoistisch und übersehe das Leid der Eltern, welches auch sie traf, indem sie ohne ihre Kinder leben mussten? Diese Fragen bleiben.

Das für uns unverständliche Verhalten der Eltern beschäftigte, ja verfolgte uns lange. Ihre damalige Entscheidung und ihr daraus resultierendes Handeln quält uns bis heute noch. Es ist wohl an der Zeit, es einfach zu akzeptieren, keine Antwort darauf zu erwarten und das Positive daran zu sehen.

Wären die Eltern nicht nach Deutschland gegangen, wären wir Kinder auch nicht nach Deutschland gekommen und hätten viele schöne Dinge vielleicht nicht kennengelernt. Es sollte wohl so sein! Mit dieser Einstellung fällt es leichter, nach vorne zu schauen, Verständnis aufzubringen und zu verzeihen.

Mein Bruder und ich bemühten uns in der Folgezeit, eventuelle Fehler, die unsere Eltern begangen hatten, zu akzeptieren und es ihnen nicht vorzuwerfen.

Mit einer gewissen Sache jedoch komme ich allerdings bis heute nicht klar und kann mich schlecht damit abfinden: Es sind das kleinbürgerliche Denken und die Moralvorstellungen von vielen Migranten, was bis heutzutage noch festzustellen ist. Hierzu gehört zum Beispiel die rigorose Übertragung von Rechten und Pflichten auf den ältesten Sohn.

‚Du bist der Stammhalter, du trägst die Verantwortung für all deine jüngeren Geschwister. In jedem Fall bist du dadurch gezwungen zu helfen und die Ehre der Familie hochzuhalten‘.

Welch ein psychischer Druck! Solche Worte hinterlassen eine starke Wirkung und bleiben tief im Gedächtnis haften, vor allem dann, wenn sie bereits in frühester Kindheit ausgesprochen werden.

So war es auch bei meinem Bruder Wassili.

Opa Michael sagte ihm immer wieder, Wassili sei sein

Stammhalter und sein ganzer Stolz. Er müsse die Familienehre stets verteidigen, bei Bedarf helfen und immer ein gutes Vorbild für die jüngeren Geschwister sein.

Warum aber werden solche Erwartungen nur an Jungen gestellt? Zum Vorschein kommt hier eine patriarchalische Denkweise, die mich als Mädchen und Frau auch in anderen Bereichen stets gestört hat. Männer entscheiden über das Leben einer Frau wie über ein Objekt.

In vielen Kulturen werden Mädchen als Menschen zweiter Klasse betrachtet. Ihr Weg ist vorgezeichnet, ihr Schicksal vorprogrammiert: heiraten, Kinder kriegen, sich mehr der Familie des Gatten anpassen. Sie sind keine Stammhalterinnen, weil sie den Familiennamen des Gatten annehmen müssen. Hat eine Familie keinen männlichen Stammhalter, so gilt dies zwar nicht als Schande, aber doch als Unsegen. Mit der Heirat kauft man alle damit verbundenen ungeschriebenen moralischen Gesetze ein und der Eheschein soll garantieren, dass man als Paar zusammenbleibt ‚bis der Tod uns scheidet'. Eine Trennung bleibt indiskutabel und darf auf keinen Fall passieren. Dies wäre eine große Schande für die Familie.

Auch der sexuelle Aspekt ist starken Erwartungen und Restriktionen unterworfen.

Seitdem ich denken kann, hieß es immer: „Du bist ein Mädchen, du darfst keinen Sex vor der Ehe haben. Es ist unmoralisch. Du musst als Jungfrau heiraten, alles andere ist eine Blamage für die Familie." Solch ein Anspruch ist ein Attentat auf die persönliche Entwicklung einer kleinen Heranwachsenden. Es bleibt im Gedächtnis hängen und prägt das weitere Leben, oft negativ und macht unfrei. Sagst du einem intelligenten Menschen täglich, er sei dumm, fängt er irgendwann an, daran zu glauben.

Die immer wiederkehrende Vorschrift auf Einhaltung solch strikter Normen, die zudem im Umfeld von allen akzeptiert werden, wirkt wie eine Gehirnwäsche, ist gefährlich und verhindert jegliche Selbstverwirklichung. Männer dagegen dürfen und sollen voreheliche sexuelle Erfahrungen sammeln.

Dies stärke ihr Selbstbewusstsein und steigere ihre Männlichkeit. Für eine verheiratete Frau wäre ein sexuelles Abenteuer undenkbar. Sofort würde sie als Nutte beschimpft und als solche angesehen werden. Besitzdenken dominiert.

Der Mann kann sich in solch einem Fall scheiden lassen und die Ehefrau zurück zu ihren Eltern schicken. Die extremsten Auswüchse eines solchen unverantwortlichen Besitzdenkens stellt der ‚Ehrenmord' dar, den es bei manchen Nationen noch gibt.

Die Sexualität gewinnt einen überschätzten und gefährlichen Stellenwert in der Beziehung.

Auch in Kastanoussa gab es einen solchen Fall, dass ein junges Mädchen ein voreheliches sexuelles Verhältnis zu einem Mann unterhielt, den sie mochte und begehrte. Immerhin versprach dieser ihr eine spätere Ehe. Doch Menschen versprechen Vieles, wenn sie etwas haben möchten. Solch ein Versprechen kostet nichts und ist vielleicht in der aktuellen Situation sogar ehrlich gemeint. In unserem Fall machte der zukünftige Bräutigam später einen Rückzieher, weil er feststellte, dass andere Mütter auch schöne Töchter haben, wodurch das Getratsche im Dorf begann.

Viele junge Mädchen und Frauen, die enttäuscht und manchmal sogar ausgenutzt wurden, suchten einen Frauenarzt ihres Vertrauens auf, um gegen Bezahlung ihre Jungfräulichkeit zurückzugewinnen.

Der Arzt näht in diesem Fall die kleine Haut im Genitalbereich wieder zusammen und die junge Frau kann erneut ihre Chance wahren, als Jungfrau unter die Haube zu kommen. Doch der Eingriff hinterlässt körperliche und seelische Narben und bleibt nicht in den Kleidern stecken. Die Angst ist groß, dass die Verwandten bei der Hochzeitsnacht das durch die Entjungferung blutige Laken als Zeichen der Reinheit und Jungfräulichkeit sehen wollen, wie es damals meist üblich war. In manchen Familien wurde dieses ‚Jungfrau-Laken‘ wie eine Trophäe durch das ganze Dorf getragen und vorgezeigt.

Mittlerweile gibt es in Kastanoussa ein solches ‚Affentheater‘ nicht mehr. Welch ein grausiges Ritual durch verirrte Moralvorstellungen! Welch eine Erniedrigung und Blamage für die Persönlichkeit der Frau!

Mehrere Migranten, die in einem fremden Land leben, bringen leider derartige ethisch-moralisch-religiöse Vorstellungen aus der Heimat mit und versuchen dadurch, ihre Identität zu bewahren und zu beweisen. Das, was sie aus dem Herkunftsland an Gedankengut mitschleppen, versuchen sie um jeden Preis festzuhalten, zu pflegen und manchmal sogar zu glorifizieren. Neues wirkt für sie zunächst einmal fremd und wird distanziert und skeptisch betrachtet. Scheint es ihnen unmoralisch, weil es nicht in ihr Traditionskonzept passt, wird es abgelehnt. Für viele Menschen mit Migrationshintergrund ist es auch besonders deshalb schwierig, sich der deutschen Kultur anzupassen, weil sich die Stellung der Frau in der Gesellschaft hier in den letzten Jahren zudem enorm verbessert hat sowie auch allgemein die Toleranz-

grenzen in vielen Belangen der Wert- und Moralvorstellungen gestiegen sind.

Während sich bei vielen Ausländern im Heimatland
auch positive Tendenzen in dieser Hinsicht zeigen,
bleiben oft Migranten an ihren alten Traditionen hängen, wodurch eine Entwicklung im Gastland stag-
niert. So lösen sich viele von ihnen, die sogar in
Deutschland geboren sind, hier eine deutsche Schule
besucht haben und Deutsch als erste Muttersprache
sprechen, nicht von diesem Phänomen der konser-
vativen Traditionsfortführung, was ihnen unter ihres-
gleichen Zusammengehörigkeitsgefühl und Halt gibt.
Das Paradoxe dabei ist, dass viele die Sprache des
Herkunftslandes ihrer Eltern nicht mal als Zweitspra-
che sprechen. Sie verstehen sie nicht einmal.

Ein Zwiespalt hinsichtlich geistiger und emotionaler
Stimmung ist oft die Folge. Ein demokratisches und
tolerantes Denken fehlt. Auf der einen Seite fühlt
man sich ‚deutsch‘, was angenehme Freiheiten und
schöne Traditionen, Rituale, Bräuche und Sitten wie
zum Beispiel Feiertage, Geburtstage usw. angeht, auf
der anderen Seite aber möchte man die Wurzeln der
elterlichen Heimat nicht verlieren.

Das Dilemma, zwischen zwei Kulturen zu stehen, hat
für viele Migranten zur Folge, dass sie sowohl im
neuen Land wie auch im Herkunftsland als Ausländer

gelten. Dennoch sollten sie sich beiden Kulturen öffnen. Man hat schließlich Verwandte und Freunde in der Heimat sowie auch dort, wo man arbeitet und lebt.

Viele Gastarbeiter bzw. Migranten leben in ihrer Tradition und lassen nichts Neues hineindringen. Sie ‚schmoren im eigenen Saft' im Glauben, ihrer Heimat und Tradition treu zu bleiben. Dass sie sich in ihrer selbstgewählten Enklave damit einschränken und isolieren, können oder wollen sie nicht einsehen. Dies ist oftmals auch durch fehlende Bildung bedingt.

Bildung ist Macht, öffnet Türen und somit auch Chancen. Warum existiert bei vielen die Angst davor, ein Teil von sich und der eigenen Herkunft durch ein Sich-Öffnen zu verlieren oder etwas zu verändern? Tut man dies, geht nichts verloren, man gewinnt hinzu.

Die Determination des Menschen durch Zeit, Ort, genetische und soziale Faktoren sind Mosaiksteinchen der persönlichen Entwicklung eines Menschen. All das, was man aus seiner Heimat mitbringt, wo man geboren und groß geworden ist, alle Erlebnisse und Eindrücke, bleiben in der Erinnerung und im Herzen gespeichert, prägen einen Menschen. Aber dies tun ebenso auch die neuen Erlebnisse und Erkenntnisse im neuen Land.

Ich selber stehe dazu, weil ich beides liebe. Eine Schwarz-Weiß-Malerei würde der Wahrheit nicht gerecht. Ich nenne mein ‚altes‘ Leben nicht schlecht und mein ‚neues‘ gut, beides ist gut. Ich respektiere alles, was ich erleben durfte und vergesse dabei nicht, wo ich herkomme, was ich bin und was ich will.

Ich denke an die Geschichte von der Kastanie, die mir Opa damals erzählte: Die reife Kastanie fällt vom Baum auf den Boden, wobei ihre Schale aufspringt. Die Frucht fällt heraus, sieht ihre verlassene stachelige Schale und sagt verächtlich mit Abscheu: „Oje, wo bin ich denn hergekommen?"

Ich trage die Verantwortung für mich und mache alles so, wie ich es für richtig halte. Dies kann man lernen. Weg von Vorschriften, weg von eingemauertem Denken, den eigenen Weg suchen und stets offen und tolerant sein!

Meine Mutter wünschte sich so sehr, dass ich eine Familie gründe und viele Kinder bekomme. Sie hatte es nicht anders gelernt. Ich verzeihe ihr dieses Denken, zumal sie sich später durchaus auch weiterentwickelt hat. Anfangs hieß es, ich bräuchte kein Abitur zu machen, solle nach der Pflichtschule einen Beruf erlernen und heiraten, eine Familie gründen. So hatte sie es mir schließlich auch vorgelebt. Sollte dies denn alles falsch sein?

In ihrem Leben wurde Vieles von ihrer Patentante arrangiert. Diese war es, die meine Mutter der Familie meines Vaters vorstellte und eine Vermittlungsehe in Gang setzte. Mein Vater und meine Mutter kannten sich nicht und hatten sich zuvor nie gesehen. Beim ersten Treffen mit meinem Vater war meine Mutter von seinen blauen Augen sehr angetan. Sie leuchteten und strahlten derartig, dass man darin seine Seele ablesen konnte. Die Ehe entbehrte anfangs der Dinge, die man Liebe nennt. Diese kam später nach und nach in Form von Gewohnheit, Dankbarkeit, Zugehörigkeitsgefühl. Somit tat Tante Maro, die Patentante meiner Mutter ihr – im Nachhinein betrachtet – etwas Gutes.

Meinen Bruder Wassili und mich nutzte sie jedoch aus. Während meine Eltern in Deutschland als Gastarbeiter arbeiteten und wir Anfang der 1960er-Jahre bei Opa Michael lebten, ließ sie uns zum Beispiel im Sommer mehrere Tage Tabakblätter Stück für Stück auf Fäden aufziehen – eine schmutzige und harte Arbeit, besonders für kleine Kinder. Als Tageslohn bekamen wir dann einen Eiswürfel ohne Geschmack aus dem Eiswürfelfach des Kühlschranks oder eine Schnitte Brot mit Oliven. Heute empfinde ich diese

Ausnutzung durch Kinderarbeit als eine Unver-
schämtheit.

Derartige oben beschriebene ‚Vermittlungsehen‘, wie
sie bei meinen Eltern stattfand, kommen leider immer noch in vielen Ländern auf der Welt vor. Eltern
oder Verwandte suchen für ihre Töchter einen Mann
zum Heiraten aus. Oft werden Mädchen sogar schon
im Babyalter einem Mann, egal welchen Alters, ver-
sprochen und früh zur Heirat gezwungen. Die Eltern
entscheiden über den Partner ihrer Kinder. Es gibt
zahlreiche Beispiele von Zwangsheirat, wobei nicht
selten finanzielle Interessen eine Rolle spielen.

Nach meinem Studium fand sich meine Mutter damit
ab, dass ich finanziell unabhängig werden und mein
angestrebtes Berufsziel verfolgen wollte.

Neue Versuche mich zu überreden folgten: Vielleicht
gäbe es ja einen Mann, am besten aus Griechenland,
‚mit dem du – wenn schon ohne Heirat – in wilder
Ehe zusammenleben könntest. Käme noch ein Kind,
würde es mich sehr glücklich machen. Das Kind
würde gemeinsam mit uns aufwachsen und du hättest
später im Alter jemanden, der dich bei Bedarf versorgen und stützen würde‘. Diese Gedanken und
Worte meiner Mutter sind mir bis heute ein Gräuel.
Sie lassen letztlich in jeder Hinsicht einen Egoismus
durchblicken, indem man Kinder im Alter als Stütze

und Hilfe einplant. Kinder sollen sich entfalten und sich selbst verwirklichen. Eltern müssen sie loslassen, da Zeit, Ort und Umstände sich geändert haben.

Meine Mutter mag aus ihrer Sicht ihre Vorstellungen als Selbstverständlichkeit und richtig angesehen haben, war aber unkritisch und in ihrer Welt gefangen. Später im Alter wäre sie letztendlich auch allein gewesen, wenn es Michael nicht gegeben hätte, denn Wassili und ich lebten in Deutschland.

Nach 25 Jahren harter Arbeit in Deutschland, kehrten meine Eltern in ihre Heimat zurück. Mein Bruder Wassili, der mittlerweile nach seiner Ausbildung als Elektriker und Ablauf seines Militärdienstes in Griechenland den Eltern nach Deutschland gefolgt war, fand hier sofort eine Arbeitsstelle und versuchte hier Fuß zu fassen.

Ich, nach meinem Abitur in Griechenland, war als letzte zu den noch in Deutschland lebenden Eltern gekommen, um hier ein Studium aufzunehmen. Ich wollte nicht den traditionellen Werdegang beschreiten, der den meisten griechischen Mädchen bestimmt war: Berufsausbildung, Heirat, Familie, Kinder. Dass ich dies so für mich nicht anstrebte, habe ich sehr früh gespürt und meine Lebenspläne in eine andere Richtung gesteuert.

Nach Klasse 6 – Grundschule mit integrierter Orientierungsstufe – wollte ich unbedingt das Gymnasium in Griechenland besuchen, was ganz gegen die Vorstellung meiner Eltern ging.

Erstens brauchte ich als Mädchen ihrer Meinung nach nicht unbedingt ein Abitur und zweitens kam das Problem auf, wer für mich in Griechenland die nächsten sechs Jahre, der Dauer der gymnasialen Zeit, die Verantwortung und Fürsorge übernehmen würde. Ich war immerhin erst zwölf Jahre alt.

Zunächst lebte ich ein Jahr bei Opa Michael, fuhr jeden Tag mit dem einzigen dort verkehrenden Zug zum Nachbardorf Mouries, wo sich das Gymnasium befand, fünf Kilometer hin und zurück.

Der Zug kam nur zwei Mal am Tag, morgens und abends, aber er kam zuverlässig, fiel niemals aus.

Da ich lange Wartezeiten hatte, bis der Zug eintraf, hielt ich mich in der kleinen Schulbibliothek auf und erledigte dort meine Hausaufgaben. Der Raum war im Sommer heiß und im Winter kalt. Es gab keine Klimaanlage oder Heizung. Die Zeiten damals waren hart. Vieles wirkt aus heutiger Sicht einfach, ja primitiv. Für die Hausaufgaben dienten mir meine Hefte, zum Schreiben meine Stifte.

Computer – heute eine Selbstverständlichkeit – gab es noch nicht. Hatte ich alles erledigt, begann ich, die wenigen Bücher, die vollgestaubt im Regal ein trostloses Dasein fristeten, zu lesen. Es waren Bücher verschiedener Art: Abenteuerliteratur sowie auch geschichtliche, philosophische und religiöse Werke.

Vieles verstand ich nicht, weil darin auch altgriechische Texte vorkamen.

Als kleine Heranwachsende wollte ich aber viel lernen, sog alle Texte interessiert und gierig auf. Mir selber Bücher zu kaufen, kam für mich nicht infrage, da ich mit 100 DM im Monat – damals in Griechenland viel Geld – für Essen, Lernmittel, Fahrkarte und Unterkunft auskommen musste. Opa erhielt für seine Mühe meiner Versorgung stets noch 100 DM von meinen Eltern als ‚Taschengeld‘ im Monat.

Somit beliefen sich die monatlichen Belastungen für meine Eltern mit 100 DM für mich, 100 DM für Opa Michael und 200 DM für die dreijährige Berufsausbildung meines Bruders Wassili zum Elektriker auf insgesamt 400 DM. Zum Glück benötigte letzterer keine weiteren Kosten für Fahrten und Verpflegung, da er bei der Berufsschule ‚Dimokritos‘ in einer Jugendherberge wohnte, wo alles inklusive war.

Wir gehörten zu einer Jugend, die keinen Luxus kannte. Als bescheidene und vernünftige Kinder besaßen wir gute Manieren und hatten Respekt vor Autoritäten.

Ab Klasse 8 hielt ich die anstrengenden Wartezeiten und Zugfahrten zwischen Kastanoussa und Mouries zur Schule nicht mehr aus. Das Dorf Mouries liegt direkt am Fuß des hohen Berges ‚Beles‘.

Es gelang mir, die jüngste Schwester meiner Mutter, Tante Chrisi, zu überreden, mich bei sich einziehen zu lassen, da sie im Dorf, wo auch die Schule sich befand, wohnte.

Dies ging ein Jahr lang gut. Das kleine Zimmer, welches mir meine Tante gewährte, musste ich mit ihren drei kleinen Kindern teilen. Dies war ein Horror und Stress pur. Ich fand gar keine Ruhe und Zeit für mich, weshalb ich mein Lernen und Üben weiterhin in der Schulbibliothek erledigte, wo ich mich besser auf meine Arbeit konzentrieren konnte.

In den Wintermonaten saß ich dort mit dicken Handschuhen und Winterjacke, da es im Raum keinen Ofen gab. Für das Heizen in den Klassenräumen brachte in den kalten Wochen jeder Schüler ein Holzscheit mit. Der Winter war stets kalt und hart, mit viel Schnee und gefährlich glatten Gehwegen, auf denen ich auf meinem Gang zur Schule täglich mit Hin- und Rückweg und mit schwerer Schultasche auf dem Rücken über eine Stunde laufen musste. Streudienst gab es keinen.

Die schulischen Anforderungen stiegen, der Lernstoff wurde schwieriger, die Unterrichtszeiten länger, die Erholungsphasen knapper. Mir wurde klar, dass ich etwas unternehmen musste, so konnte es nicht mehr weitergehen.

In dieser Situation meldete sich zum Glück der ‚deus ex machina' in Gestalt meiner Patentante Elena, einer älteren seriösen Dame und alleinstehenden Witwe. Ein Zimmer bei ihr im Haus stand leer und ich konnte sofort bei ihr einziehen. Das kam ja wie gerufen! Meine Freude war groß. In 15 Minuten konnte ich zu Fuß die Schule erreichen, hatte keine Wartezeiten mehr am Bahnhof und in der Schulbibliothek.

Meine finanzielle Lage blieb indes bis zum Abi bescheiden: 100 DM Verpflegungsgeld für mich, wovon 50 DM schon als Mietkosten für die Patentante abgingen. Da blieb nicht viel übrig.

Es war eine harte Zeit, die mich sehr geprägt hat und stark in meiner Erinnerung geblieben ist.

Die Winterabende in meiner Stube waren kalt. Wie oft habe ich mir eine wärmere Jacke und warme Schuhe gewünscht, besaß aber leider nur die alten abgetragenen aus den letzten Jahren.

Der Mensch ist ein Gewohnheitstier und in der Not geht alles. So überstand ich diese Zeit, in der mich nicht selten auch der Hunger quälte. Doch ich musste mit 10 DM in der Woche für Essen und Trinken auskommen. Eine Mensa gab es in der Schule nicht; meine tägliche Nahrung bestand hauptsächlich aus Dosenessen wie eingelegten Sardellen, Frühstücksfleisch und Oliven. Diese in Dosen verpackten Nahrungsmittel waren nicht nur deshalb favorisiert, weil sie günstig waren, sondern auch deswegen, weil ich in meinem Zimmer keinen Kühlschrank besaß, weshalb ich diese Sachen in einem Holzschrank lagerte.

Es dauerte einige Zeit, bis ich bemerkte, dass gekaufte und in den Schrank gestellte Nahrungsmittel wie Kekse, Käse oder Nudeln oft mysteriös verschwanden bzw. nur noch die Reste davon zu finden waren. Zunächst verdächtigte ich den Hausfreund meiner Patentante, Onkel Christo, der regelmäßig zu ihr zu Besuch kam und immer einen enormen Hunger mitbrachte. Durch seine fehlenden Zähne konnte er nur Weiches essen, weshalb er als möglicher ,Täter' infrage kam. Aber da waren ja noch die harten Nudeln!

Eines Nachts hörte ich Geräusche aus dem Schrank und musste feststellen, dass ich offenbar das Zimmer nicht allein bewohnte. Denn als ich aufstand, die Taschenlampe einschaltete und die Schranktür öffnete, erblickte ich eine Mäusefamilie, die durch ein Loch in der Hinterseite des Schrankes ihr ,Restaurant' anscheinend regelmäßig aufsuchte und sich an den Leckereien bediente.

Als ich dies meiner Patentante am nächsten Morgen mitteilte, tröstete sie mich mit den Worten, ich bräuchte keine Angst haben, dass ich für die Untervermietung zusätzlich zahlen müsse. Sie würde dafür sorgen, dass die Mäuse verschwinden.

Ab und zu lud mich meine Patentante, die sich auch mit einem geringen Einkommen begnügen musste, zum Essen ein. Im Gegenzug las ich ihr Abenteuergeschichten oder Werke aus der griechischen Geschichte vor, was sie immer sehr genoss. Obwohl sie, wie fast jede Zweite im Dorf, nicht lesen und schreiben konnte, erwies sie sich als eine offene und interessierte Frau. Es machte mir stets Spaß, bei ihr und mit ihr zusammen zu sein.

Zu der Zeit, ich war gut 14 Jahre alt, kam an einem Herbstsonntag ohne Vorankündigung meine Mutter aus Deutschland nach Griechenland angereist. Sie war schwanger und beabsichtigte, das ungewollte Kind abtreiben zu lassen. Sie war verzweifelt und schämte sich, weil sie mit ihren 38 Jahren wieder schwanger war. Da sie sich erst in der 6. Schwangerschaftswoche befand, schien eine Abtreibung ohne Probleme möglich. Ich versuchte Mama jedoch davon abzuhalten: Eine Abtreibung sei schließlich keine Kleinigkeit; sie solle es bitte nicht tun und das Kind austragen. Viele später voraussichtlich aufkommende seelische Belastungen könne sie sich dadurch ersparen. Das Kind würde mit uns zusammen aufwachsen und schon seinen Platz in der Familie finden.

Gut, dass meine Mutter auf mich hörte und vielleicht wollte es das Schicksal, dass sie mir als erste ihr Vorhaben offenbarte, bevor sie zu Opa Michael nach Kastanoussa fuhr, um mit ihm die Sache zu besprechen.

Michael kam zur Welt – 13 Jahre Altersunterschied zu mir, 15 Jahre zu Wassili.

Als meine Eltern sich entschlossen hatten Deutschland für immer zu verlassen, fuhr Michael mit zurück, damals neun Jahre alt. Schon im Dorf zeigten sich anfangs große Probleme für den kleinen, damals nur deutschsprechenden Jungen. Michael war der griechischen Sprache nicht mächtig und wurde schnell zum Gespött der Kinder im Dorf. Wie oft kam er weinend und blau geschlagen von der Schule nach Hause! Die anfänglichen Anpassungsprobleme ließen jedoch mit der Zeit nach, doch mein junger Bruder musste Vieles ertragen und lange leiden.

Auch in diesem Fall hatten meine Eltern wieder einmal unbedacht und egoistisch gehandelt, ohne sich

Gedanken darüber zu machen, dass ihr jüngstes Kind bei einer Rückkehr in ihre Heimat, die für ihn ja unbekannt war, Probleme haben würde. Michael wurde also ‚ins kalte Wasser geworfen' und sollte schon irgendwie klarkommen. In weiser Voraussicht wäre es allerdings sinnvoll gewesen, den Sohn während seiner Grundschulzeit in Deutschland gleichzeitig für den muttersprachlichen Unterricht in Griechisch anzumelden, zumal dieser nachmittags in der Schule angeboten wurde und nur für Migrantenkinder griechischer Herkunft stattfand. Hier hätte Michael wichtige Grundlagen in Griechisch erhalten. Die Gründe für dieses Versäumnis der Eltern sind mir bis heute nicht bekannt.

War es Nachlässigkeit, Gleichgültigkeit, Desinteresse, Dummheit? Ähnlich, wie es damals auch bei meinem Bruder Wassili und mir der Fall war!

Wir Kinder mussten den Ehrgeiz der Eltern, mehr Geld zu verdienen, teuer bezahlen. Dieses Bestreben nach immer mehr ging auf Kosten von uns Kindern, im obigen Fall auf Michael.

Einmal in Griechenland, entschied sich mein junger Bruder, bei den Eltern zu bleiben, während wir zwei älteren Geschwister in Deutschland arbeiteten und weiterhin dort leben wollten.

Wie schon erwähnt, wollte es das Schicksal, dass genau das eigentlich unerwünschte Kind später einmal dasjenige werden sollte, welches meine Mutter im Alter umsorgte, nachdem sie einen Schlaganfall erlitten hatte und zum Pflegefall wurde.

Noch bevor meine Eltern mit Michael Deutschland verließen, hatte ich nach meinem Studium als Referendarin eine eigene Wohnung und musste mich allein durchschlagen, manchmal nebenbei auch Jobs annehmen, um die Ausbildung für das Lehramt zu Ende zu bringen. Wassili hatte inzwischen eine eigene Familie gegründet und einen eigenen Betrieb. Damit waren wir älteren Kinder weit entfernt von den Eltern.

Diese Tendenz lässt sich heutzutage immer mehr feststellen. Viele Kinder leben woanders und der enge Kontakt zu den Eltern ist oft nicht mehr so gegeben, wie es früher einmal war, als noch viele Generationen oft unter einem Dach lebten.

Dass ich als Frau in den Augen der Eltern wie ein Mann zu denken schien, frei, finanziell unabhängig und losgelöst von für mich unsinnigen Traditionen, das konnten sie nicht verstehen. Die Diskrepanzen im Bereich von Wertvorstellungen und Lebensweisen führten auf Dauer zu einer Entfremdung zwischen mir und meinen Eltern. Viele Themen waren für sie tabu, ich galt als eigensinnige Querulantin. Gespräche liefen oberflächlich und vorsichtig ab, bestrebt, jede Unstimmigkeit nicht zu einer unangenehmen Diskussion werden zu lassen. Beide Parteien hatten andere Vorstellungen vom Leben, andere Lebensentwürfe. Wenn man von Anfang an weiß, ein Gespräch wird zu keinem Konsens führen, weil beide Seiten denken, sie haben Recht und keiner bereit ist nachzugeben, dann resigniert man und vermeidet bestimmte Themen.

Viele Jahre, in denen man sich kaum sieht – außer in den Sommerferien – tragen zudem auch noch zum schleichenden Prozess einer Entfremdung bei. Sicher hatte ich meine Eltern gern und vertraute ihnen, dass sie es nur gut für mich meinten, aber für wichtige Themen in meinem Leben waren sie nicht die passenden Ansprechpartner und wenn ich sie wirklich mal brauchte, waren sie nicht greifbar.

Zu der Zeit, als ich in der Pubertät war, gab es noch keine Handys bzw. Telefonanschlüsse in jedem Haushalt. Briefe zu schreiben war zwar möglich; da aber meine Eltern nicht lesen und schreiben konnten, fiel auch diese Option weg. Somit verstärkte sich der Entfremdungsprozess weiter. Es tut mir leid, diese Feststellung im Nachhinein so hart und direkt aussprechen zu müssen, doch habe ich kein schlechtes

Gewissen dabei, weil es der Realität sowie auch meiner Empfindung entspricht.

Immerhin litt ich lange genug darunter, dies zu erkennen und es vor mir selbst zuzugeben. Meine Eltern habe ich immer respektiert: einfache, ehrliche, liebe Leute, die leider Opfer ihrer Zeit und Erziehung waren.

Meine Mutter bekam mit 18 Jahren ihr erstes Kind, einen Jungen, namens Konstantin, der eine Woche nach seiner Geburt an Lungenentzündung starb.

Zwei Jahre später kam mein Bruder Wassili zur Welt, knapp zwei Jahre später wurde ich geboren.

Wassili hatte als Kleinkind großes Glück.

Mit 11 Monaten erwischte auch ihn eine hartnäckige Lungenentzündung. Oma Stawroula, die Mutter meines Vaters, hielt eine ganze Nacht lang Wache an seinem Bett, wechselte ständig die Wärmewickel für den Kleinen. Am nächsten Morgen öffnete Wassili laut Erzählung meines Opas die Augen und fragte: „Wo Kokok (Ei)?"

Daraufhin wusste Oma: Das Kind ist über dem Berg und wird es schaffen.

Später, mit 63, starb mein geliebter Bruder, der alles für mich war. Die Krankheit, die ihn das Leben kostete, resultierte wahrscheinlich unter anderem auch aus den Nachwirkungen des verschleppten Virus von damals aus dem Babyalter. Er hatte damals keine richtige ärztliche Behandlung erhalten.

Wassili war für mich nicht nur Bruder, sondern auch Freund. Sein plötzlicher Tod schockierte uns alle – mich ganz besonders. Gottseidank erlebten meine Eltern dies nicht mehr, da sie wenige Jahre zuvor nacheinander gestorben waren. Jeden Tag und sogar auch in den Nächten lassen mich meine Erinnerungen an meinen älteren Bruder nicht los.

Unzählige Szenen aus der Vergangenheit, viele gemeinsame Erlebnisse und Erinnerungen quälen mich. Ich versuche loszulassen, bete für ihn, bilde mir ein, dass sein Geist noch da ist, spreche zu und mit ihm. Alle aus dem engsten Familienkreis sind nun tot, nur Michael und ich leben noch – allerdings in verschiedenen Ländern.

Die ,Schaukel'

Ich war noch ein Kleinkind, gerade drei Jahre alt, mein Bruder Wassili eineinhalb Jahre älter als ich.

Für ihre landwirtschaftliche Tätigkeit besorgten sich meine Eltern leihweise einen Traktor mit Anhänger. Sie wollten ausprobieren, ob es sich für sie lohnen würde, Arbeiten dadurch mit weniger finanziellen Einbußen und weniger körperlichem Aufwand durchzuführen.

Heute stand die Bewässerung der Felder an, wo die Eltern Kastanien- und Walnussbäume angepflanzt hatten. Diese Felder grenzten an einen Wald und lagen fast 25 Minuten Fahrzeit mit dem Traktor entfernt vom Haus.

Zur Bewässerung wurde das Quellwasser genutzt, das vom Berg ,Beles' nach unten ins Tal floss.

Hier wurde es gestaut und in Kanäle geleitet, die zu den Feldern der verschiedenen Bauern führten.

Jeder Bauer musste durch den Bau von Dämmen aus Steinen, Baumstümpfen oder Aufschüttungen von Erde nun selber das Wasser in die Furchen seiner Felder leiten, in denen die Pflanzen standen.

Dafür blieben ihm, wenn er an der Reihe war, maximal zwei Stunden Zeit. Danach wurde das Wasser zum nächsten Bauern weitergeleitet.

Leider gab es in Kastanoussa kaum ausgebaute Feldwege, die Erde war uneben, meist von Schlamm und Wasserpfützen durchsetzt, obwohl es seit Wochen kaum geregnet hatte. Das Wasser sammelte sich in tiefen Weglöchern durch die Bewässerungen der Felder, welche die Bauern im Wechsel und nach Absprache durchführten, um ihre Saat zu versorgen. Regen fiel selten, Wasser war Mangelware.

Der Einsatz von Maschinen wie zum Beispiel eines Traktors sollte auch die Nutztiere entlasten.

Den Traktor tauften wir auf den Namen ‚Kounoupi‘, (Mücke), da er klein war und dieser Name dadurch zu ihm passte: orange, zwei dünne Räder vorne, zwei etwas größere hinten, Motor vorne unter einer runden Haube, ein Sitz mit Beifahrersitz hinter dem Lenkrad an einer langen Stange, keine Überdachung. Hinter der Zugmaschine auf dem Anhänger eine breite Ladefläche von ca. drei Metern Länge und zwei Metern Breite. Vater musste den Motor mit einer Kurbel starten. Damit drehte er 20 bis 30 Male im Kreis, bis der Motor ansprang. Manchmal hatte er Glück und es klappte schon vor dem 20. Drehversuch. Das war eine nicht zu unterschätzende Prozedur, weshalb er anschließend schon erschöpft war, bevor die Feldarbeit richtig anfing.

Das Fahren mit der ‚Mücke' war recht abenteuerlich. Wir Kinder wurden täglich immer ganz früh zwischen 3.00 bis 4.00 Uhr morgens geweckt, um von den Eltern zur Feldarbeit mitgenommen zu werden. Wer sollte sonst auf uns aufpassen? Opa war mit der Versorgung seiner Tiere beschäftigt und hatte keine Zeit. Eine Kita gab es im Dorf nicht, also: Ab auf die Ladefläche mit uns!

Ich empfand die Fahrt immer als eine Quälerei. Es graute mir vor der Fahrt auf der holprigen Feldstraße, soweit man diese überhaupt als solche bezeichnen konnte. Der unebene, von teilweise Bewuchs, Steinen und Löchern bedeckte Weg verursachte mir durch das permanente Rütteln auf der harten Ladefläche eine unangenehme Massage meiner Glieder. Bei Ankunft am Feld schmerzte mir jedes Mal mein Popo. Hin und wieder konnte Vater unterwegs der auf dem Feldweg liegenden frischen Kuhscheiße nicht ausweichen, fuhr mit den Rädern durch, die kurz darin versanken und beim Darüberfahren sowohl ‚Mücke' als auch ihre Passagiere vollspritzten.

Meine Eltern mussten immer vor Sonnenaufgang aufbrechen, weil die Sonne später, meist ab 8.00 Uhr, schon richtig brennt. Dann wird die Hitze unerträglich und ein Arbeiten ist kaum mehr möglich. Erst nach Sonnenuntergang kann man wieder draußen arbeiten. In südlichen Ländern ist dies so üblich und dazwischen liegt die lange Mittagsruhe, die uns als ‚Siesta' bekannt ist.

Am Feld angekommen, steckten mich die Eltern in eine provisorisch hergestellte Hängewiege zum Weiterschlafen. Diese sich permanent bewegende Vorrichtung wurde von mir als Kleinkind als eine ‚Schaukel' wahrgenommen und dementsprechend auch so bezeichnet.

Während ich bodennah zwischen zwei Bäumen in dieser Hängematte ruhte, konnten die Eltern sorgloser ihre anstehenden Arbeiten auf den Feldern erledigen.

Heute sollte das gesamte Feld der Kastanienbäume bewässert werden und dies innerhalb von zwei Stunden. Während Vater und Mutter die dafür notwendigen Vorbereitungen trafen, lag ich müde und schläfrig in meiner improvisierten ‚Schaukel' und bekam irgendwann nicht mehr viel mit. Ich weiß nur, dass es noch dunkel war und sich bei mir durch das Alleinsein langsam Angst einschlich. Die fremden Geräusche aus dem anliegenden Wald verstärkten noch die unheimliche Situation, in der ich mich befand.

Plötzlich war ich starr vor Schreck: Der schlanke Körper einer Schlange pendelte über meinem Kopf hin und her. Das Tier schaute mich an und ich war davon überzeugt, dass es nicht gekommen war, um mir einen ‚Guten Morgen' zu wünschen! Ich ahnte keine freundlichen und guten Absichten.

Die Schlange züngelte unaufhörlich mit ihrer Zunge und verursachte ein zischendes Geräusch. Bald spürte ich sie schon nah an meinem Gesicht. Ich erstarrte vor Angst und verhielt mich ganz ruhig.

Kein Piep entwich meinem Mund. Mein unliebsamer Gast schaute mich lange unschlüssig an. Die Schlange überlegte es sich anscheinend, ob sie mich beißen sollte. Im Nachhinein komme ich zu dem Urteil, dass sie die richtige Entscheidung getroffen hat.

Offensichtlich hatte ich in dieser Situation aber Glück oder einen Schutzengel. Beides muss der Fall gewesen sein, denn ihr Interesse an mir schwand und sie zog sich langsam zurück. Erst als ich allmählich wieder zu mir kam und wahrnahm, was geschehen war, begann ich zu weinen und laut zu schreien.

Nach kurzer Zeit müssen meine Eltern, die etwas weiter entfernt und vertieft in ihre Arbeit waren, meine Schreie gehört haben, denn Vater eilte herbei und versuchte mich zu beruhigen, nachdem ich ihm klarmachen konnte, was passiert war. Daraufhin ergriff er vom Boden einen großen Stock und schaute nach der Schlange. Diese hatte sich jedoch in der Zwischenzeit wieder in den Wald geflüchtet und war nicht mehr aufzufinden.

Durch dieses Erlebnis geprägt, wollte ich ab sofort zukünftig nicht mehr allein in der Hängematte liegen, sondern den Eltern bei ihrer Arbeit mithelfen. Doch zum Arbeiten war ich noch zu klein, während sich mein Bruder Wassili mit seinen knapp fünf Jahren bereits nützlich machte. Er nahm eine Hacke zur Hand, die größer war als er selbst und half beim Bewässern der Feldflächen mit, wobei sein Gesicht und seine Kleidung öfter mit Dreck und Schlamm beschmiert waren. Seine Hilfe hatte aber dennoch großen Wert für meine Eltern.

Immerhin waren es ca. fünf Hektar Land, die in zwei Stunden bewässert werden mussten.

Das Wasser war rationiert und so eingeteilt, dass jeder Bauer in der Region nur zwei Stunden Zeit hatte, sich ein Mal in der Woche von dem Wasser zu bedienen, wenn er an der Reihe war. Nach Ablauf dieser Zeit wurde das Wasser für sein Feld abgesperrt.

Dafür gab es sogar, neben dem Beruf des Bürgermeisters, einen Sonderposten, nämlich den des Wasseraufsehers, Neroulas genannt.

Überzog man die zugestandene Zeit, folgten saftige Geldstrafen. So war jeder bemüht, diese Regelung einzuhalten und nahm sie ernst.

Die ‚Morgenausflüge' mit der Mücke sind mir negativ in Erinnerung geblieben. Angst vor der Dunkelheit, das Durchgerüttelt-Werden auf der Ladefläche des Anhängers und der Hunger plagten mich. Der mitgenommene Proviant war eintönig und bescheiden, blieb ständig der gleiche: selbstgebackenes Weißbrot, Tomaten aus dem Garten, gebratene Paprika und Auberginen, frische Zwiebeln, Schafskäse und Oliven. Abwechslung gab es nicht. Da das Brot für meine kleinen weichen Milchzähne zu hart war, bekam ich stets das Brotinnere zu essen, die Kruste aßen meine Eltern. Zu trinken gab es Wasser aus dem am Feld entlangfließenden Kanal. Dies war kalt und klar. Eine Zwei-Liter-Plastikflasche wurde mit Wasser gefüllt und alle tranken direkt daraus, da keine Tassen oder Becher mitgenommen wurden.

Dies erinnert mich heutzutage an das Ritual bei der Kommunion in der griechischen Orthodoxie: Mit demselben Löffel bekommen die Gläubigen hintereinander den verdünnten Wein. Dabei hält der Priester einen mit einer Amphore vergleichbaren Behälter in der Hand. Darin befindet sich ein Liter süßer Rotwein wie zum Beispiel Mavrodaphne, der mit Wasser verdünnt wird und symbolisch für das Blut von Jesus Christus steht. Die Gläubigen – Junge und Alte, Kranke und Gesunde – stellen sich in einer Reihe auf und trinken von demselben Löffel einer nach dem anderen das ‚Blut‘ von Jesus.

Dieses Vorgehen bei dem Ritual halte ich für höchst unhygienisch und gefährlich.

Ebenso unhygienisch erscheint mir folgendes Ritual bei einem Kirchenbesuch nach dem Anzünden einer Kerze. Die Gläubigen stehen vor den Ikonen, bekreuzigen sich und küssen die Scheiben vor den Ikonen – meistens alle an der gleichen Stelle. Welche Gefahren an Krankheitsübertragungen werden dabei in Kauf genommen?! Mit der vermeintlichen Sicherheit ‚Gott schützt uns‘ geht man dieses eigentlich unverantwortliche Risiko ein.

Hier fällt mir die Anekdote vom Fischer ein, der ein guter Schwimmer war. Er segelte mit seinem Boot im Meer, um zu fischen. Da kam ein Sturm auf. Das Boot kenterte, der Fischer drohte zu ertrinken und schrie zu Gott, dieser möge ihm bitte helfen.

Gott hörte seine Hilfeschreie und antwortete ihm: „Mein lieber Mensch, wie kann ich dir von hier oben helfen? Der Himmel ist viel zu weit entfernt, bis

meine Hilfe ankommt. Wie wäre es aber, wenn du mal deine Beine und Hände bewegen würdest?
Versuche es nur! Du wirst sehen, dass dir damit wunderbar geholfen wird!"

Bei allem Glauben an Gott sollte man also nicht den Glauben an sich selber verlieren.
Glaube überhaupt gibt Kraft und Mut, er ‚versetzt Berge'. Sicherlich gehört zu allem auch oft noch eine Portion Glück und Verstand.

Lernen und Spielen im Dorf

In der Nähe unseres Hauses zog bei Tante Pelagia eine junge Hebamme ein. Sie hieß Fotoula und erwies sich als eine sehr nette, liebe und freundliche Frau. Nach der Uni musste sie ein Jahr Praxiserfahrung auf dem Lande sammeln, um später voll in den Beruf einzusteigen und vielleicht irgendwann einmal sogar selbstständig zu werden.

Ich freundete mich mit ihr an. Immer, wenn sie mir und meinem Bruder Wassili begegnete, schenkte sie uns Kekse oder sonstige Süßigkeiten. Sie war ledig und hatte keine eigenen Kinder.

Als Städterin fand sie das Leben im Dorf sehr ruhig und erholsam. Schnell lernte sie die Dorfbewohner als äußerst herzlich und gastfreundlich kennen.

Auf unsere Familie wurde sie durch Stiefoma Eucharia aufmerksam. Letztere hatte sich nach dem Ersten Weltkrieg etwas Geld in einem Krankenhaus in Thessaloniki verdient, wo sie Spritzen setzte, Wunden desinfizierte und diese zu verbinden verstand.

So konnte Fotoula hin und wieder der Stiefoma mal den einen oder anderen Auftrag vermitteln, Patienten Injektionen zu geben, das Schröpfen bei Erkältungen anzuwenden oder Schnittwunden zu behandeln. All diese Tätigkeiten beherrschte Oma hervorragend, da sie diese während des Ersten Weltkrieges in einem Lazarett gelernt hatte. Alle Verordnungen wurden von einem Landarzt erlassen, der seine Praxis in Rodopoli, einer Kleinstadt in der Nähe von Kastanoussa, führte. Er kam ein Mal in der Woche ins Dorf, um die Kranken zu besuchen, ihren Zustand zu untersuchen und Medikamente zu verschreiben.

Für Fotoula waren im Dorf besonders die Wochenenden im Winter langweilig und öde. Es wurde schnell dunkel, die Temperaturen sanken enorm, Fernsehen und Telefon waren für das kleine Dorf Fremdwörter. Freizeitbeschäftigungen gab es außer Spazierengehen so gut wie keine.

Als junge Frau hätte sie in der Stadt bestimmt mehr Abwechslung gehabt, doch das Leben im Dorf gab ihr andererseits innere Ruhe und Zufriedenheit.

Ja, sie fühlte sich hier wohl, wo die Menschen recht einfach, natürlich, gutmütig und liebenswert geblieben waren.

Nur zu den Festtagen an Weihnachten und Ostern verließ sie das Dorf, um ihre Familie in Thessaloniki zu besuchen. Als Einzelkind fühlte sie sich besonders verpflichtet, ihre Zeit mit den Eltern zu verbringen. Es beruhigte ihr Gewissen und alle waren glücklich und zufrieden.

Immer, wenn ich sie besuchte und ihr ein Stück Holz für ihren Holzofen mitbrachte, freute sie sich, drückte und küsste mich, sang mir schöne, mir bis dahin unbekannte Kinderlieder vor, zeigte mir, wie man aus Kastanien oder Trockenblättern Figuren und Häuser basteln konnte. Natürlich fragte ich Opa immer vorher, ob ich Fotoula besuchen und für sie ein Holzscheit mitnehmen dürfe. Er sagte nie nein, wenn es darauf ankam, anderen Menschen eine Freude zu machen und zu helfen.

An diesen langen Wochenenden brachte mir Fotoula spielerisch auch das Alphabet und das Einmaleins bei und kurz darauf konnte ich sogar schon allein Wörter schreiben und kurze Sätze lesen.

Fotoula war für mich wie ein Engel auf Erden, sie lehrte mich Vieles, half mir, las mir Geschichten vor, und schenkte mir ihre Zuneigung und Freundschaft. Ihre liebevolle, hilfsbereite und geduldige Art wirkte auf mich faszinierend. Sie wäre bestimmt auch eine gute Pädagogin geworden, wenn sie sich nicht für den Beruf der Hebamme entschieden hätte.

Mitte der 1960er Jahre wurde ich eingeschult. Für unser Dorf Kastanoussa waren drei Grundschullehrer abgeordnet worden: Herr Spiridon für die Klassen 1 und 2, Herr Konstantinos für die Klassen 3 und 4 und Frau Niki für die Klassen 5 und 6.

Herr Spiridon war sehr streng und schlug sogar die Kinder, wenn sie unruhig waren oder ihre Hausaufgaben nicht erledigten. Das Schlagen als eine pädagogische Maßnahme war zur damaligen Zeit noch erlaubt. Zarte ‚Würmchen‘, schmächtig, ärmlich, oft hungrig wurden oft mit der Handinnenfläche oder mit einem Stock geschlagen, manchmal nur, damit die Kinder Respekt vor dem Lehrer bekamen. Die Eltern tolerierten dies, denn der Lehrer galt damals als eine Respektsperson und hatte in den Augen der Leute immer Recht. Die Kinder hatten zu lernen und zu gehorchen, wie es in Deutschland schon von Frau Mahlzahn in der Augsburger Puppenkiste überzeugend klargemacht wurde.

Mein erster Grundschullehrer, Herr Spiridon, zeigte sadistische Züge, benahm sich laut, jähzornig und aggressiv. Der Lernstoff kam dabei zu kurz, da er sich bei jeder Störung aufregte und um sich schlug.

Ein väterliches Verhalten fehlte ihm völlig und er konnte nie lachen. Wir standen vor Angst stramm vor ihm. Er sprach nicht, sondern er schrie und schimpfte ständig. Bei seinem Anblick zitterten wir vor ihm.

Zwei kleine Jungen aus der Nachbarschaft, die ebenfalls in meine Klasse gingen, begannen sogar wieder das Bettnässen. Obwohl ihre Eltern wussten, woran es lag, trauten sie sich nicht, den Lehrer auf die Sache anzusprechen. Auch die Erwachsenen hatten Angst vor diesem unangenehmen Menschen.

Auch mich ereilte eines Tages das Schicksal, von Herrn Spiridon geschlagen zu werden – vollkommen grundlos. Anscheinend resultierte diese Tat aus seiner schlechten Laune. Sein Schlag war so heftig, dass mein kleines Gesicht mehrere blaue Flecken aufwies. Man konnte die fünf Finger seiner rechten Hand auf meiner Backe gut erkennen.

Als Opa dies entdeckte, ,sah er rot' und geriet vor Zorn außer sich. Er eilte mit mir sofort zur Schule zurück und zog den Lehrer zur Verantwortung.

Noch nie erlebte ich Opa so laut und wütend. Er wies Herrn Spiridon in seine Schranken und forderte ihn klar und deutlich auf, seine Kräfte mit gleich starken Personen zu messen und nicht kleine Kinder zu schlagen. Wenn dies nicht aufhöre, würde er für die Entlassung des unbeherrschten Lehrers sorgen.

Die Wirkung ließ nicht lange auf sich warten. Drei Tage später hieß es, Herr Spiridon habe sich krankgemeldet. Man sah ihn nie wieder – weder in der Schule noch im Dorf.

Ich bekam eine gewisse Frau Maria, die eigentlich nur Religion und Sprache unterrichtete, als neue Klassenlehrerin, die mich bis Klasse 4 liebevoll begleitete. Sie war nach Fotoula das zweite Glückslos, das ich zog: eine wunderbare Lehrerin und ein toller Mensch, der mit dem Herzen fühlte und dachte.

Alle Kinder liebten sie und gingen sehr gerne zur Schule. Auch bei den Eltern gewann sie große Sympathie. In späteren Jahren verliebte sie sich in einen jungen Bauern, namens Niko, den sie auch heiratete, lebte bis zu ihrer Pensionierung im Dorf und blieb Kastanoussa bis zu ihrem Tod treu.

Im Winter musste jeder Schüler ein Stück Holz zum Beheizen des Ofens mitbringen. Frau Maria studierte mit uns kleine Theaterstücke ein, die wir zu besonderen Anlässen wie an Nationalfeiertagen, zu Ostern oder Weihnachten den Eltern vorführten. Sie ließ uns Vieles basteln, hatte immer ein nettes und freundliches Wort sowie ein offenes Ohr übrig – dies galt sowohl für uns Kinder als auch für die Eltern.

Ohne solche Menschen wie Fotoula und Frau Maria wäre ich nicht das geworden, was ich heute bin.
Sie haben mich geprägt und in vieler Hinsicht beeinflusst: Interesse am Lernen, Lesen, Malen, Träumen, Phantasieren. All dies war mir aus meinem Elternhause fremd, zumal Vater und Mutter ja auch meist gar nicht da waren. Ich besaß als Kind keine Spielsachen, keine Stofftiere, keine ordentliche Kleidung,

keine anständigen Schuhe. Meine einzige Erinnerung bezüglich Schuhe beschränkt sich auf ein Paar Gummischuhe – Wassili hatte ebensolche – immer stets eine Nummer größer, damit man Reserve zum Hineinwachsen hatte. Diese Schuhe dienten Sommer wie Winter.

Im Winter sorgten zwei bis drei Paar Wollsocken, die Mutter uns strickte und aus Deutschland zuschickte, für warme Füße. Im Sommer dagegen liefen wir barfuß. Für die kalte Jahreszeit besaßen wir jeder zwei selbstgestrickte Wollpullover, die wir meist wegen der Kälte beide übereinander trugen, da wir keinen Mantel unser Eigen nannten. Für den Sommer waren wir mit je vier T-Shirts versorgt und vier Hosen für jeden mussten insgesamt für Sommer und Winter zugleich genügen. Da Mutter sie selbst nähte, entstanden immer ‚Modelle' in Größe XL wegen des schon erwähnten Hineinwachsens.

Kleidung ist die eine Sache, Liebe und Zuneigung die andere, nicht geringer wichtige. Liebe gab uns Opa, wir waren ja schließlich die Kinder seines Stammhalters. Er selber war stark abhängig von seiner zweiten Gattin und vom Leben nicht gerade verwöhnt, hatte jung seine Eltern verloren, kam als Emigrant mit 17 Jahren aus dem damals griechisch besetzten kleinasiatischen Bereich, erlebte Abschiede, Kriege,

Verluste von lieben Menschen wie auch den Tod seines drei Jahre älteren Bruders und den seiner ersten Frau. Seine einzige Schwester, die mit emigrierte, war die einzige Verwandte, die er hatte.

Eine wichtige Sache haben wir von Opa gelernt: im Leben stets ehrlich zu sein und menschlich zu bleiben, auch wenn es nicht immer bequem ist. Wir haben gelernt, nicht unbedingt immer den einfachsten und leichtesten Weg zu gehen. Dieser war uns zudem oft auch verwehrt, wodurch wir zwangsläufig zu Kämpfernaturen wurden.

Zusammen mit meinem Bruder Wassili bestand ich viele Abenteuer. Ich genoss es, einen älteren Bruder zu haben. Wenn etwas Unangenehmes anstand, war er mir stets eine Stütze, manchmal sogar mein Rettungsanker.

Jeden Tag nach der Schule spielten wir draußen auf der Straße mit unseren Freundinnen und Freunden. Da waren zum Beispiel Demosthenes, der geschielt hat, Theodoros, der gutmütig und etwas dümmlich war, Grigorios, der lustige Witze erzählte, Kyriakos, der ein hervorragender Sportler war, Katarina, die richtig süß aussah, Kostas, Eirini usw.

Wir erfanden und entwickelten aus der Not heraus eigene Spiele: mit Holzstöcken, mit Steinen, mit Bällen, die wir selbst gebastelt hatten. Als Ball diente uns zum Beispiel die Blase eines frisch geschlachteten Tieres, die uns Onkel Nikos, der einzige Metzger im Dorf, nach dem Schlachten eines Tieres gab. Selten gab es Streit. Wer ‚Mist baute‘, wurde für einen Tag aus der Gruppe ausgeschlossen und damit hatte sich die Sache. Alle Spiele waren einfach und benötigten wenig Aufwand und Material. Zum Fangen und Verstecken brauchte man nichts, zum Hüpfen oder Gummi-Twist reichten eine alte Dose oder ein Seil. Doch diese Spiele förderten den Kontakt untereinander und zwangen uns zur Bewegung.

‚To aplon kai charin echei‘ (Das Einfache ist das Schönste) sagte schon der griechische Autor Georgios Seferis.

Im Gegensatz zu früher fällt auf, dass heutzutage der Bewegungsdrang der Menschen immer mehr nachlässt und Bequemlichkeit zunimmt. Das Angebot von Sportvereinen wird von vielen nicht genutzt, weil die Koordination mit Schule und Beruf der Eltern beispielsweise zeitlich nicht passt.

Denn oft sind die Eltern durch Hinbringen und Abholen ihrer Sprösslinge mit eingebunden, was eine Planung schwierig werden lässt. Elektronische Computer-Spiele dominieren und ersetzen die körperlichen Aktivitäten. Dadurch nimmt die Zahl der Übergewichtigen zu, besonders bei Kindern.

Viele Kinder können nicht mal mehr schwimmen.
Und wer sich körperlich betätigen will, muss für seinen Sport in einer ,Mucki-Bude' viel Geld bezahlen,
was sich nicht jeder leisten kann.
Wie schön war doch die Zeit in Kastanoussa, wenn
ich an die damaligen Spiele mit meinen Freundinnen
und Freunden zurückdenke!

Körperpflege und Hygiene im Dorf

„Ich springe mal eben unter die Dusche!"

„Ich muss mir die Haare waschen!"

„Ich fühle mich ein bisschen verschnupft. Ich glaube, ein heißes Bad täte mir gut!"

Solche Worte hört und sagt man heutzutage oft. Sie gehören zum Alltag und sind eine Selbstverständlichkeit.

Dabei muss ich an die Zeit als Kind in Kastanoussa denken. Wenn ich mich an die Waschmöglichkeiten und Körperpflege damals bei uns im Dorf erinnere, habe ich keine Bilder von einer Dusche oder einer Badewanne vor Augen. Nein!

Eine Wanne, die zum Wäschewaschen benutzt wurde und hin und wieder auch als Badewanne zweckentfremdet wurde, taucht verschwommen in meinem Gedächtnis auf. Sie war aus Blech. Zuerst wurde sie mit Wasser gefüllt, welches man auf dem Holzofen erhitzt hatte. Dann stieg man zum Waschen oder Baden hinein. Da die Wanne wenig Platz bot, musste man sich zwischen folgenden zwei Möglichkeiten entscheiden. Entweder setzte man sich so in den Bottich, dass man vom Po bis zum Bauchnabel mit Wasser bedeckt war, wobei dann allerdings die Beine äu-

166

ßerst unbequem rechts und links über den Wannen-
rand heraushingen oder man kniete sich hin, wobei
man sich dann mit Füßen und Beinen bis zu den
Oberschenkeln im Wasser befand und der Teil des
Körpers darüber sowohl aus dem Wasser als auch aus
der Wanne ragte.

‚Baden‘ wurde dieser Vorgang genannt, was sich natürlich gut anhörte. Doch in Wahrheit – man entschied sich natürlich für die oben genannte zweite
Version – erlaubte diese Stellung nur ein Sich-Wa-
schen.

Also: Zunächst einmal einseifen und danach einen
Eimer mit lauwarmem Wasser, der neben dem Bottich schon auf seinen Einsatz wartete, über den ein-
geseiften Körper schütten. Sparsamer und effektiver
erwies sich jedoch die Methode, mit einer danebenstehenden Zinktasse öfter das kostbare Nass aus dem
Eimer zu schöpfen und dieses gezielt über die zu
entseifenden Körperstellen zu gießen.

Als Handtuch zum Abtrocknen diente anschließend
ein altes Bettlaken, das wiederholt hintereinander für
alle ‚gebadeten‘ Familienmitglieder bereitlag und aufgrund seines immer nasser gewordenen Zustandes
dem Letzten eigentlich das Baden erspart hätte.

Diese Art des Badens in einer Blechwanne oder einem Holzfass sieht man heutzutage noch in manchen alten Westernfilmen.

Mein erstes eigenes Badetuch erhielt ich erst mit zehn Jahren als Geschenk zu meinem Namenstag von meiner Patentante. Es war aus Frottee, lila und umhüllte fast gänzlich meinen damals kindlichen Körper. O, was war ich stolz auf diesen meinen neuen Besitz. Leider habe ich nicht lange etwas davon gehabt. Stiefoma machte sich heimlich daran und das Badetuch blieb für mich schnell nur eine Erinnerung. Ein Jahr später entdeckte ich es per Zufall in der Reisetasche von Stiefomas Enkelin, die viele Jahre lang in den Sommerferien stets zu Oma kam und die Zeit bei ihr verbrachte. Auf meine Frage, woher sie das Tuch habe, kam die Antwort „Geschenk von meiner Oma". Die Thematik des mysteriösen Verschwindens von Sachen findet sich auch in anderen Geschichten dieses Buches.

Damals flossen Tränen und die bittere Erkenntnis machte wütend. Heute schüttele ich nur fassungslos darüber den Kopf, allerdings gelingt mir ein Lachen darüber auch nicht

Bei Dingen, von denen man ‚die Nase gestrichen voll hat' und sie verabscheut, reagiert man in Griechenland mit folgender Geste: Man nimmt einen Teil seiner Kleidung im Bereich der Brust zwischen Daumen- und Zeigefinger und zupft mehrmals daran, während man dabei ein dreimaliges „Pa-Pa-Pa" ausstößt. Dies bedeutet: Ein solcher Mist soll mir vom Leibe fernbleiben, was übersetzt etwa einem ‚Leck mich' entspricht. Dabei genießt man den eigenen Unmut und kann die unangenehme Sache schneller abtun, indem man sich durch diese Geste ‚Luft macht'.

Doch zurück zur hygienischen Situation im Dorf zur Zeit meiner Kindheit.

Das kleine sowie das große ‚Geschäft' fand im Garten statt. In einem Holzschuppen, der statt einer Tür nur einen langen Lappen als Sichtschutz besaß, befand sich ein Plumpsklo. Daneben stand ein mit Wasser gefüllter Eimer zum Nachspülen.

Das Plumpsklo lag zu ebener Erde, entbehrte sowohl Klotopf als auch Klobrille, sodass man sich nicht hinsetzen konnte. Seine Notdurft musste man somit in Hockstellung verrichten und hoffen, dass von unten durch die herunterplumpsende Kacke nichts wieder hochspritzte. Klopapier gab es nicht. Zum Abputzen des Popos benutzte man entweder Pflanzenblätter – möglichst große, damit man sich nicht die Finger beschmierte – altes Zeitungs- oder Zeitschriftenpapier oder eben gar nichts. Im Sommer waren Kohl-, Paprika- und Auberginenblätter favorisiert, von denen es im Garten ja genug gab, im Winter hatte man ein Problem. Das Händewaschen danach war kein Muss, sondern ein Kann. Das kalte Wasser und die fehlende Seife ließen einem so manchmal die Entscheidung nicht leichtfallen.

Das Wasser kommt in Kastanoussa vom Berg Beles herunter ins Tal und ist zu jeder Jahreszeit rein und kalt. Wir nutzten es zum Trinken, Kochen, Spülen, Waschen und Bewässern der Pflanzen sowie zum Reinemachen im Haushalt.

Opa hatte draußen im Vorgarten, direkt neben der Hauptstraße, eine große Tränke für seine Tiere gebaut. Der Wasserhahn besaß einen Drehverschluss, wodurch reichlich frisches Wasser gespart werden konnte, da es durch das Zudrehen des Hahns nicht ständig unnötig floss. An dieser Tränke fanden – bis auf die Wintermonate – viele Reinigungsrituale und -aktionen statt.

An kalten Tagen wurde im Hause gespült. Auf einen kleinen runden Tisch stellte Oma eine mittelgroße Blechschüssel und füllte sie mit heißem Wasser.

Besteck, Tassen, Teller, Töpfe und Pfanne: Alles wurde nacheinander hineingeworfen, eingeweicht und anschließend nur abgespült. Allgemein entstand bei uns wenig Arbeit mit dem Geschirr, auch weil alle

Familienmitglieder aus einem Topf, welchen Oma auf den Esstisch stellte, aßen. Heißes Wasser gab es bei uns immer. Sowohl im Haus als auch draußen unter dem überdachten Hauseingang stand ein Holzofen zum Wärmen und Kochen.

Außerdem war ein Wasserkocher aus Blech neben dem Ofen verfügbar, griffbereit und gut für viele Aufgaben wie zum Beispiel zum Tee- und Kaffeekochen.

Im Sommer reichte kaltes Wasser durchaus zum Abwaschen des Geschirrs – auch ohne Spülmittel.

Zum Entfernen von Rückständen und Fettresten benutzte Oma Sand. Da es ihr an einem Schwamm mangelte, rieb sie damit die noch schmutzigen Bereiche an Töpfen und Pfannen ab. Für besonders hartnäckige Stellen nahm sie zum Säubern einen flachen harten Stein dazu. Dies kann aktuell als nachhaltig und umweltfreundlich betrachtet werden, doch würde es nicht mehr dem heutigen Standard der Hygiene genügen.

Einen Geschirrspüler kannten wir nicht. In vielen Haushalten existierte nicht einmal eine einfache Spüle zum Geschirrwaschen mit der Hand. Heute wollen viele Menschen kein Geschirr mehr haben, welches nicht spülmaschinentauglich ist. Selber zu spülen nimmt Zeit in Anspruch und schadet zudem den Fingernägeln – besonders den lackierten! Für uns wie auch für alle damaligen Dorfbewohner war eine solche Arbeit selbstverständlich. Wenn man es nicht anders kennt, ist man mit dem zufrieden, wie man es kennt.

Was mir stark aus meiner Kindheit in Kastanoussa in Erinnerung geblieben ist, sind Äußerungen wie ‚Ich habe mir heute die Zähne mit Zahnpasta geputzt‘. Ich fragte mich: Was ist das? Wie geht das?

Waschen und Putzen verband ich mit Wasser und Seife.

Eines Tages – ich besuchte die 2. Klasse der Grundschule – fand ich am Rand des Baches nah unserem Haus, vom Schlamm fast verdeckt, einen Gegenstand, der mir unbekannt war und Rätsel aufgab.

Neugierig schnappte ich mir den vermeintlich kostbaren Fund, wusch ihn mit kaltem Wasser gründlich aus und lief stolz damit zu Opa. Er klärte mich auf, dass es eine Zahnbürste sei. Somit wurde der neue Besitz zu *meiner* Zahnbürste.

Ein Jahr später waren meine vorderen Zähne teilweise schwarz und kaputt. Lag es an den sich noch in der Bürste befindlichen Bakterien oder an der fehlenden Zahnpasta? Als sich dann auch noch Schmerzen einstellten, fuhr Opa mit mir zum Zahnarzt in die benachbarte Stadt Rodopoli.

Der Arzt wollte sich meine Zähne anschauen und setzte mich auf seinen Behandlungsstuhl. Als er sich mit einer Zange in seiner Hand über mich beugte, begann ich auf dem Stuhl zu zittern, zu zappeln und zu treten. Obwohl ich beteuerte, dass es mir schon wieder besser gehe, ja die Schmerzen schon weg wären, ließ er nicht von seinem Vorhaben ab, sein Werkzeug zum Einsatz zu bringen.

In dem Moment tauchte aus dem danebenliegenden Behandlungszimmer Pater Pantelis, der Priester von Kastanoussa, auf. Durch meine Schreie beunruhigt, wollte er nachschauen, ob er hier eine Seele retten könnte.

Ich kannte ihn sehr gut, weil ich oft bei ihm zu Hause war. Seine jüngste Tochter Vicky besuchte nämlich die gleiche Klasse wie ich und wir spielten in der Freizeit oft zusammen. Regelmäßig traf ich mich mit ihr, meistens bei ihr zu Hause, weil ihr Vater uns wunderbare Geschichten aus der Bibel und aus dem Leben von Jesus erzählte. Außerdem gab es hier immer Kekse. Pater Pantelis kannte alle Dorfbewohner sehr gut und wusste Vieles über Groß und Klein zu erzählen. Er hatte die meisten von ihnen getauft, vermählt und einige auch schon beerdigt.

Ich sehe ihn noch vor mir, wie er in seinem Ornat – langes schwarzes Gewand, runder schwarzer Hut –

und mit seinem langen weißen Bart versuchte, mich zu beruhigen und zu überreden, die Untersuchung über mich doch ergehen zu lassen. Doch ich – während Zahnarzt, Opa und Priester mich auf dem Patientenstuhl festhielten und auf ihn runterdrückten – schnappte mir in meiner Panik den langen Bart des Priesters, zog mich an diesem hoch, riss mich los und stürzte panisch aus dem Behandlungsraum. Ich ließ alle meine ‚Peiniger' genau mit *dem* offenen Mund zurück, den sie von *mir* sehen wollten.

Viele Jahre lang hatte ich später immer noch Probleme mit meinen Zähnen, die in der Kindheit nicht richtig und regelmäßig gepflegt und medizinisch versorgt worden waren.

Zeit und Ort, wann und wo ich aufwuchs, die äußeren Begebenheiten, die finanzielle Situation und vieles mehr schufen wenig Hoffnungen und Perspektiven für die Zukunft. Während meiner Kindheit auf dem Lande habe ich nicht nur die Sonnenseite des Lebens kennengelernt, auch wenn es Sonne und Hitze in Griechenland reichlich gibt. Armut, harte Arbeit, fragwürdige Traditionen und einfaches Leben haben mir Vieles an Erfahrungen fürs Leben gebracht und: „Erfahrungen sind Erinnerungen, die man teuer bezahlen musste." (Werner Krauss)

Die ‚Notlösung‘

oder

‚Was dich nicht umbringt, macht dich stark‘

Wer kennt es nicht? Durch irgendetwas ausgelöst, erinnert man sich an Personen, die entweder inzwischen verstorben sind oder von denen man seit Jahren nichts mehr gehört hat.

Wenn ich meine Augen schließe, sehe ich zwei Personen vor mir: Tante Martha, mollig, schweratmend, die Haare streng nach oben zu einem Dutt zusammengesteckt und ihren Mann Onkel Stavros, eher dürr, dunkles lockiges Haar, eine lange Narbe auf der linken Backe, immer freundlich und hilfsbereit.

Die beiden hatten vier Kinder, alles Jungen in einem Abstand zwischen zwei und acht Jahren. Mit den zwei Jüngeren spielten mein Bruder Wassili und ich des Öfteren. Fast regelmäßig kam noch mein Vetter Lefteris hinzu. Onkel Stavros war der ältere Bruder von Lefteris Vater.

Mitte 1960 emigrierte Onkel Stavros – wie auch meine Eltern schon kurz zuvor – als Gastarbeiter nach

Deutschland. Das Geld, das er verdiente, schickte er nach Hause. Später holte er auch seine Frau nach.

Die Kinder blieben, genau wie mein Bruder und ich, zurück bei den Großeltern. Sie kamen erst einige Jahre danach nach Deutschland, gründeten – wie die meisten Gastarbeiterkinder – hier eine neue Existenz mit sicherer Arbeit und gutem Einkommen.

Onkel Stavros lebte wie die meisten Bauern im Dorf hauptsächlich vom Anbau seiner Tabakpflanzen.

Die Familie war groß: die Eltern, Oma und Opa, vier kleine Kinder. Da Tante Martha durch ihr Asthma eingeschränkt und deshalb durch Arbeit nur wenig zur Haushaltskasse beitragen konnte, war die Familie arm und lebte stets am Existenzminimum. Jedes Stück Brot wurde rationiert. Vier kleine Kinder haben immer Hunger, vor allem, wenn es Jungen sind.

Jeden Morgen machte sich die Familie einschließlich der Großeltern schon vor Sonnenaufgang auf den Weg zu den Tabakfeldern. Die zwei älteren Jungen halfen schon tüchtig bei der Arbeit mit, die zwei jüngeren Kinder konnten allerdings noch nichts leisten, weshalb man sie zu Hause ließ. Damit sie keinen Unsinn machten oder wegliefen, band ihre Mutter sie während der Arbeit auf den Tabakfeldern in der Hauptsaison mit einer etwa sechs Meter langen Leine an einem Mispelbaum, der mitten im Hinterhof des

Anwesens stand, fest. Durch diese Maßnahme mussten die Eltern nicht befürchten, dass die Kinder verschwanden und sich irgendwo ohne Aufsicht aufhielten. Natürlich war es eine Beruhigung, dass sie sich nicht entfernen konnten, den Kindern jedoch wurde dadurch jegliche Freiheit zum Spielen genommen.

Ein paar Meter weiter rechts vom Mispelbaum entfernt befand sich ein Hühnerstall und rund um den eingezäunten Hinterhof konnten die Hühner überall frei herumlaufen. Somit stand der Baum, an dem die Kinder angebunden waren, mitten im Hühnerhof. Hier, wo man den Hühnern freie Auslauf gewährte, mussten die Kleinen, angebunden und eingesperrt, ohne Auslauf, ohne die Möglichkeit zum Spielen, ausharren, bis die Eltern gegen 8.00 Uhr vom Feld nach Hause kamen. Ob die Kinder Hunger oder Durst hatten, interessierte niemanden. Da sie noch jung und unerfahren waren, hoben sie bei Hunger alle ihnen essbar erscheinenden Sachen auf, die im Hühnerhof zwischen Kot und Schmutz auf dem Boden herumlagen. Wenn sie Durst hatten, tranken sie das Wasser aus dem Gefäß, das für die Hühner bestimmt war. Fast immer verschlimmerte die aufkommende Hitze noch ihre Lage.

Die Nachlässigkeit und Sorglosigkeit der Eltern erscheinen uns heute unverantwortlich und ihr Handeln würde vielleicht sogar rechtliche Konsequenzen nach sich ziehen. Aber es gab ja keinen Kläger und letztlich ist keiner zu Schaden gekommen.

Die meisten Familien mit Kindern hatten in der Hauptsaison ähnliche Probleme. Und jede löste diese so, wie es am besten passte: Einige hatten das Glück, ihre Kinder von nicht arbeitsfähigen Großeltern oder Nachbarn beaufsichtigen zu lassen, andere nahmen die Kinder mit zu den Feldern, so wie es bei unserer Familie der Fall war. Die Maßnahme, die Kinder anzubinden und einzusperren, war sicherlich eine extrem harte ‚Erziehungsmethode‘, die aus der Not heraus geboren wurde, was zweifellos das, was man als ‚Erziehung‘ bezeichnet, gänzlich vermissen lässt.

Kinder in die Welt zu setzen bringt eine große Verantwortung mit sich, ein Wort, das viele Menschen von damals und auch von heute nicht so richtig zu kennen scheinen. Bevor man Kinder in die Welt setzt und auch über die Anzahl entscheidet, sollte man sich seiner Situation bewusst sein und sich Gedanken darüber machen, dass alles auch weiterhin trotz Kinder problemlos zu bewältigen ist. Dies ist im obigen Fall wohl nicht geschehen, sodass es zu diesen fast unmenschlichen Maßnahmen kommen musste, um zu überleben. Später folgte dazu noch die Entbehrung der Eltern durch deren Auswanderung. Immer sind die Kinder die Leidtragenden, welche die Gedankenlosigkeit der Eltern teuer bezahlen müssen.

Das Bevölkerungswachstum steigt. In vielen Regionen der Welt drohen Hungersnot und Krankheiten, Menschen kämpfen um ihre Existenz, aber Kinder werden – meistens in den ärmeren Ländern – weiterhin in hoher Anzahl in die Welt gesetzt. Die Überbevölkerung auf unserer Erde birgt auf Dauer unlösbare Probleme. Raum und Nahrung werden immer knapper. Die Ressourcen an Rohstoffen sind begrenzt, nicht unendlich verfügbar. Ebenso ist die Tragfähigkeit unseres Planeten limitiert.

Und dennoch bleibt Kinderreichtum in vielen Ländern der Dritten Welt ein Statussymbol. Dieses Denken wie auch fehlende Bildung und Verfügbarkeit von Verhütungsmitteln lassen die Bevölkerung immer mehr wachsen. Wir steuern unaufhaltsam in eine Katastrophe.

Der Eierwettkampf

Griechenland ist ein Land mit vielen Festen. Die meisten davon sind eng mit der Religion und Tradition verbunden, bei manchen geht ihr Ursprung sogar bis in die griechische Antike zurück. Die meisten Griechen sind sehr gläubig und auch der Aberglaube ist stark verbreitet. In Nuancen unterscheiden sich Traditionen und Aberglaube von Region zu Region und sogar von Ort zu Ort.

In der griechischen Orthodoxie gibt es zahlreiche Feiertage. Dazu gehören Ostern, Weihnachten und die Namenstage. Letztere sind Gedenktage an eine Heilige oder einen Heiligen.

Nach der griechisch-orthodoxen Tradition ist fast jeder Tag des Jahres einem christlichen Heiligen oder Märtyrer gewidmet. Wenn jemand in Griechenland nach einem dieser Heiligen benannt ist, wird der Festtag dieses Heiligen zu seinem ‚Namenstag‘ und wird größer als sein Geburtstag gefeiert. Die Tradition verlangt, die Kinder nach den Großeltern zu benennen. Damit sind über Generationen hinweg dieselben Namen immer wieder in Umlauf. Und aus diesem Grunde hören oft Cousins und Cousinen auf denselben Vornamen. Auch ich wurde von meinen

Eltern nach der Mutter meines Vaters benannt, mein älterer Bruder nach dem direkt im Anschluss an die Kleinasiatische Katastrophe getöteten Bruder meines Opas und mein jüngerer Bruder nach dem Vater meines Vaters. Meine zwei Brüder folgten später ebenfalls dieser Tradition.

Die heutige Generation erwachsener Griechen verzichtet mittlerweile immer mehr auf traditionelle Namen wie Ioannis, Nikos, Eleni oder Kostas, deren Namen als Namenstage mit der ganzen Familie und Verwandtschaft groß gefeiert werden. Stattdessen erleben in den letzten Jahren bis dahin fast vergessene altgriechische Namen, die seltener Bezug zu Namenstagen aufweisen, eine Renaissance.

Auch Festlichkeiten rund um die Verlobung und die Hochzeit haben bei den Griechen eine lange Tradition und werden – je nach Region – auf besondere Weise gefeiert.

In den 1980er-Jahren kamen Geburtstagsfeiern hinzu. Dies war eine Anpassung an die internationalen Feiertage. Viele Gastarbeiterkinder wuchsen im Ausland auf und lebten bereits dort – zum Beispiel in Deutschland, Schweden, Österreich, in der Schweiz, in Amerika.

Der Alltag und das Zusammenleben mit den Einheimischen, der gemeinsame Schulbesuch, dieselbe

Arbeitsstelle und später das Vermischen der Nationalitäten durch Partnerschaften aus verschiedenen Kulturen bzw. Ehen trugen dazu bei, dass die Anzahl an Sitten und Gebräuchen aus Kultur, Religion, Tradition, Küche u. a. umfangreicher wurde und einen größeren Fundus zur Auswahl bot. Dies hatte den Beginn der gemischten Kulturfeste zur Folge, welche immer mehr an Offenheit und Zuspruch gewannen. Der Startschuss zur Interkulturalität war gefallen: eine Bereicherung für Integration mit den Komponenten Akzeptanz, Toleranz und Liebe.

Moslems lernten Weihnachten und Ostern kennen, Christen wurden mit Zucker- und Opferfest der Mohammedaner konfrontiert und ausländische Kleinkinder bereits in der Kita mit Geburtstagsfeiern. Mit zunehmendem Alter erfuhren sie dann die Vielfalt von Feiern und Festen und deren Bedeutung.

Was für eine bunte, abwechslungsreiche Welt!

Auch in Griechenland ist dieser Trend festzustellen. Jeder kann nach Belieben Namenstag oder Geburtstag oder sogar beides feiern. Den höchsten Stellenwert besitzen in der griechischen Orthodoxie Weihnachten und ganz besonders Ostern. Letzteres gilt als das ‚Fest der Feste‘. Leben und Tod von Jesus Christus stehen im Mittelpunkt. Der von den Juden der damaligen Zeit getötete Jesus besiegt den Tod und zeigt durch seine Auferstehung die Herrlichkeit des Schöpfers. Sein Leidensweg wird von allen orthodoxen Griechen mitgefühlt, sein Sieg über den Tod anerkannt, glorifiziert und geglaubt.

Bei den Zeremonien gibt es verschiedene Rituale und Sitten. Eine Sitte ist das Knacken der Schale gefärbter Eier. Eier stehen symbolisch für Leben und Tod. Aus Eiern entsteht Leben. Diese Botschaft will auch das Ritual mit den Eiern am Osterfest, genannt ‚Pascha‘, vermitteln.

Im Bereich der Naturwissenschaften gibt es die allgemeine Frage: „Was ist zuerst dagewesen: das Ei oder die Henne?" Aus religiöser Sicht hat Gott die Welt erschaffen. Aber woher kommt der Mensch? Stammt er wirklich vom Affen ab? Theorien über Gott und die Welt gibt es zu Genüge.

Jeder soll an das glauben, was er mag. Das Thema ‚Glaube‘ ist immer verzwickt und strittig. Viele sagen, es gäbe keinen Gott. Andere behaupten, es gäbe ihn, aber nicht so, wie die Institution Kirche ihn darstellt, sondern so, wie jeder für sich selber sich Gott vorstellt und an ihn glaubt. Andere Religionen glauben an mehrere Gottheiten. Eines bleibt unbestritten: Bestimmte Rituale, Sitten und Bräuche festigen die Gemeinschaft und den Glauben an dieselbe Sache.

Allerdings sollte sich die Kirche in der heutigen Zeit auch nicht neuen Dingen verschließen. Andere Umstände erfordern andere Regeln. Was nicht mehr in unsere Welt und Zeit passt – Gesetze, Konventionen und Sätze wie „Du musst", „Du darfst das nicht", „Es ist eine Sünde", „Der Heilige Vater muss es genehmigen" usw. – sollte überdacht und modernisiert werden. Viele Regeln und Denkweisen bedürfen einer Reform.

Nur so kann die Kirche als Ort des Glaubens und der Gemeinde die Gläubigen halten.

In den griechisch-orthodoxen Familien werden die Sitten und Gebräuche des Pascha-Festes gepflegt.

Dieses Fest dauert drei Tage. Viele Eier werden hauptsächlich rot gefärbt. Rot steht als Symbol für Leben und Tod und auch für das Opfer von Jesus Christus, welcher sein Blut vergoss, um die Menschheit zu retten.

Am 1. Osterfeiertag trifft sich die ganze Familie im Elternhaus. Traditionell wird ein Schaf geschlachtet und am Spieß gegrillt. In Religionen wie im Islam oder im Judentum sind ähnliche Rituale festzustellen, wie z. B. beim Zuckerfest oder beim jüdischen Pascha. Es werden dazu Mezedes (Imbisse), Salate, Brot, Süßigkeiten, Obst, Retsina (griechischer Wein) usw. serviert. Es wird zusammen gegessen, getrunken, geredet, getanzt und gelacht. Das Wichtigste jedoch ist das Ritual von ‚Christos Anesti' (Jesus ist auferstanden). Diesen Satz sagt jeder Grieche zu einem anderen 40 Tage lang bis zu Fronleichnam. Als Antwort erhält er ein ‚Alithos Anesti' (in der Tat ist er auferstanden). Bei dem Familienfest nimmt sich jeder ein buntes hartgekochtes Ei aus einem Körbchen, welches die Gastgeberin auf den Tisch legt. Mit diesen Eiern folgt ein Wettkampf. Einer hält die Spitze seines Eis nach oben gerichtet in der Hand, der andere hält die Spitze seines Eis nach unten zeigend und schlägt auf die Ei-Spitze des ‚Gegners'. Wessen Eischale zuerst zerbricht bzw. geknackt wird, hat verloren und der Gewinner kassiert das Ei des Verlierers.

Diese Sitte gab es und gibt es bis heute. In Kastanoussa werden sogar richtige Eier-Wettkämpfe ausgetragen. Schon Tage vorher testet jeder die Stärke der Schale von Eierspitzen und wählt die härtesten für den großen Tag aus. Haupttesttag ist Gründonnerstag. An diesem Tag werden die Eier gekocht, gefärbt und danach vorsichtshalber nochmal getestet. Der Test läuft folgendermaßen ab:

Der Tester nimmt sich das Ei, bringt die Spitze ganz vorsichtig in Richtung Mund und klopft diese ganz sanft gegen seine Zähne. Vernimmt man einen dumpfen Laut – jeder mag es anders hören – dann ist es ein ‚starkes‘ und somit ein wettkampftaugliches Ei. Es laufen mehrere Tests, damit man Reserve an Eiern hat. Mit diesen tritt man am 1. Ostertag zum Eier-Wettkampf an. Wenn jemand keine oder nur noch wenige Zähne im Mund hat, lässt man sogar einen Spezialisten kommen, der für den zahnlosen Teilnehmer testet und alles regelt.

Zu diesen sogenannten ‚Spezialisten‘ gehörte auch mein Vater. Sein Spitzname war ‚Avgoulas‘ (Eiertester). Jeder wusste, wo er zu finden war, sein Rat war gefragt und begehrt.

Auch aus den Nachbardörfern kamen immer viele Teilnehmer zu uns ins Dorf um mitzuspielen. Wer die meisten Eier mit seinem Ei zum Knacken gebracht hatte, war der Sieger und erhielt neben einer Trophäe einen Gutschein für vier Wochen Mezedes-Teller und ein Getränk im Kafenion. Der Champion musste mindestens mit dem gleichen Ei fünf Eier knacken.

Heutzutage kommen sogar lokale Radio- und Fernsehsender ins Dorf und berichten über das Schauspiel des Wettkampfes. Selbstverständlich darf dabei nicht geschummelt werden, was theoretisch durchaus möglich ist, wenn jemand sein Ei vorab präpariert.

Es dürfen übrigens nur Hühnereier verwendet werden. Gauner und Betrüger gab und gibt es dabei immer wieder und überall, auch in Kastanoussa. Einige manipulieren die Stärke der Ei-Spitze, indem sie mit einer Substanz, ähnlich einem transparenten Nagellack, die entsprechende Fläche bestreichen, damit sie an Härte gewinnt. Fliegt es auf, wird der Kandidat von der aktuellen und nächsten Teilnahme ausgeschlossen. Es ist so wie beim Sport im Falle von Doping: harte Regeln und konsequente Bestrafung!

Ich erinnere mich an solche Wettkämpfe aus der Zeit, bevor meine Eltern als Gastarbeiter nach Deutschland gingen. Das war Anfang der 1960er-Jahre.

Mein Vater, der ‚Eiertester‘, fing relativ früh mit dem Job an, starke Eier als solche zu erkennen und zu identifizieren. Er selber besaß ca. 30 Hühner und war mit seinen Tieren und der Landwirtschaft mehr als genug beschäftigt. Die Tiere liefen frei in einem von einem Zaun umgebenen Teil unseres großen Gartens. Zwei Gockel sorgten für regelmäßigen Nachwuchs. Die Hühner brachten zwar frische Eier und auch Fleisch, was aber weniger für den eigenen Verzehr als für den Verkauf vorgesehen war. Rührend versorgte mein Vater die Tiere mit Futter und frischem Wasser. Immer nach dem Dreschen der Weizen- und Maisfelder streifte er mit einem großen Korb durch die gedroschenen Felder und sammelte dort zurückgebliebene Körner. Eine Handsense war stets dabei, um ihre Dienste zu leisten. Auch Raben und Elstern waren unterwegs und sorgten beim Sammeln der übriggebliebenen ‚Schätze' – aus Sicht der Raben: beim Fressen – für Rivalität. War der Korb voll, wurde sein Inhalt in einen 80 cm großen Stoffsack umgefüllt. An manchen Tagen sammelte Vater ein bis zwei Säcke Restkörner am Tag, die er dann später mit einem Rollwagen abholte. Mit diesen gesammelten Körnern versorgte er bis über den Winter hinaus seine Tiere. Die Futterreserven brachte er in einer Scheune unter, wo außer den oben genannten Körnern auch Heu und Schalen von Kastanien und Walnüssen sowie Mais und Weizen lagerten.

Die größte Gefahr, vor der die Bauern sich am meisten fürchteten, waren die große Trockenheit im Sommer und der Regen während der Erntezeit. Das Schicksal meinte es aber meistens immer gut mit ihnen und die Verluste blieben gottseidank begrenzt. Bis Ende der 1950er-Jahre wurde das Korn mit der Sense von Hand geschnitten, zu Garben gebunden, auf Wagen geladen und eingelagert, bis es im Winter von Hand gedroschen wurde. Heutzutage wird Vieles mit Hilfe von Maschinen erledigt und die anstrengende Handarbeit beim Dreschen ist größtenteils nicht mehr erforderlich.

Nach der Emigration meiner Eltern lagen lange Zeit die Sensen fürs Dreschen im Stall meines Opas. Diejenigen für Weizen hatten einen längeren Stiel und eine größere bogenförmige Schneide, die für Mais und Gras waren kleiner und kürzer. Nach Opas Tod waren alle diese Sachen verschwunden. Vielleicht hatte seine geldgierige Frau aus zweiter Ehe sie verkauft.

Die Hühner fanden also im Garten genug zum Fressen, Trinken, Wühlen und Picken. Bei heißem Wetter suchten sie Schutz unter zwei Feigenbäumen, die als Grenze zum Garten von Tante Fifi dienten. Drei Enten von ihr suchten Kontakt zu Vaters Hühnern, flogen über den Zaun rüber zu ihnen und freundeten sich mit ihnen an. Alles lief friedlich, bis eines Tages ein Enterich von der Nachbarin dazu kam, der ab und zu für Unruhe sorgte, weil er sich in die Hühner verguckte und sich an sie heranmachte, sodass die zwei Hähne ihr Revier in Gefahr sahen und sich verpflichtet fühlten, ihre ,Mädels' mutig zu verteidigen. Es kam zu Auseinandersetzungen und richtigen Kämpfen: Federn wurden ausgerupft, die Stimmung war geladen. Die drei Enten zeigten sich eifersüchtig und schnatterten so lange, bis mein Vater die drei

‚Damen' mitsamt dem fremdgehenden Casanova Tante Fifi zurückgab. Dies war mir recht, weil sie überall hinkackten und mir die ehrenvolle Aufgabe zukam, den ganzen Dreck wegzumachen. Als Belohnung bekam ich dafür stets ein Entenei, was mir aber nicht sonderlich schmeckte, weil es einen bitteren Geschmack hatte. Ob es aber wirklich der bittere Geschmack war, den ich zu schmecken glaubte oder ob dieser mehr das Resultat des folgenden Erlebnisses war, mag ich bis heute nicht entscheiden. Fakt ist, ich hatte einige Zeit zuvor gesehen, wie genüsslich die drei Enten im Misthaufen hinter dem Stall meines Opas gewühlt hatten, ‚Leckerlis' herauspickten und die Jauche dankbar tranken. Man kann es mir nicht verdenken, dass mir bei diesem Anblick jeglicher Appetit auf Enteneier für immer verging.

Zurück zum Eierwettkampf am ersten Osterfeiertag in Kastanoussa. Viele Leute aus dem Dorf und der näheren Umgebung hatten meinen Vater zu sich bestellt, damit er für sie eine ‚Eierstärke-Diagnose' abgibt. Er sollte diejenigen Eier auswählen, die für den Wettbewerb infrage kämen und den Vergleich mit denen anderer Kandidaten bestehen könnten.

Schon sehr früh, so gegen 6.00 Uhr, fangen bis heute die Vorbereitungen dafür an. Auf dem Gelände um die Kirche herum werden alle notwendigen Maßnah-

men getroffen und alles arrangiert. Am ersten Osterfeiertag findet die Messe erst in den Abendstunden
statt, weil am Vorabend bis spät in die Nacht hinein
die lange ‚Anastasis-Messe' (Auferstehungsmesse)
stattfindet und am nächsten Morgen sowohl Priester
als auch Gläubige übermüdet sind und ausschlafen
wollen. Doch der Wunsch, mit der Familie nach der
langen Fastenzeit zu feiern, ist groß.

Tische, Sitzbänke, Grillmöglichkeiten, Musiktribüne
usw. werden aufgestellt und aufgebaut. Fast alle Familien spenden eine Kleinigkeit für den Wettkampf,
teilweise Geld, teilweise Fressalien oder Getränke.
Jeder kann mitmachen, die Zeit hier zu erscheinen,
bleibt jedem offen. Einige hilfsbereite Frauen und
Männer aus dem Dorf übernehmen freiwillig und
unentgeltlich die Regie für Spiel, Spaß, Essen und
Trinken.

Alkohol ist während des Wettkampfes verboten. Das
Volksfest soll schließlich ohne unangenehme
Zwischenfälle ablaufen.

Gegen 10.00 Uhr eröffnen der Bürgermeister und
der Priester den Ostereierwettbewerb, der bis 18.00
Uhr dauert. Danach wird der Sieger verkündet. Auch
aus den benachbarten Regionen ist die Besucherzahl
nicht gerade gering. Diese Sitte ist bis heute aktuell

und mittlerweile zu einer der größten Attraktionen des Dorfes geworden.

Leider ist für viele junge Leute der Alltag des dörflichen Lebens einseitig und langweilig geworden, die landwirtschaftliche Arbeit auf den Feldern zudem hart und wenig rentabel.

Deshalb suchen viele von ihnen andere, leichtere und besser bezahlte Arbeitsstellen. Eine Großstadt bietet jungen Leuten ein attraktiveres Leben mit mehr Jobauswahl, Abwechslung und Abenteuern.

Dies hat aber auch seinen Preis. Hier liegen Wohnung und Arbeitsplatz meist weit auseinander, was lange Fahrten nötig werden lässt. Das kostet Zeit und Geld. Die eng stehenden Häuser und Hochhäuser, die stark befahrenen Straßen, verdrängen die Natur, verschmutzen die Luft und verursachen viel Lärm. Die Lautstärke wird zudem noch durch das Nachtleben verstärkt, das in den Großstädten im Süden erst ab Mitternacht beginnt. Viele Lokale halten ihren Betrieb bis in die Früh geöffnet. Durch den Lärm, die vielen Lichter, die Wärme und die stickige Luft – man muss im Sommer bei offenem Fenster schlafen, weil es zu heiß ist – lassen einen ausreichenden und erholsamen Schlaf zu kurz kommen.

Während ein Leben in der Stadt von Hektik geprägt ist, verläuft ein Leben auf dem Lande mit mehr Muße und Tiefgang. Statt Autolärm und Geräuschen unterschiedlichster Art vernimmt man hier Vogelstimmen und die verschiedensten Gerüche der Natur. Nur ein vorbeifahrender Traktor könnte diese Stille durchbrechen.

Mittlerweile kommen viele junge Menschen, die einst von Kastanoussa in die Stadt gezogen sind, regelmäßig und gern zu Besuch zurück ins Dorf. Vor allem an Feiertagen oder an den Wochenenden ist dies der Fall. Einige haben sogar ihr eigenes Haus noch hier stehen, andere kommen zu Besuch zu Verwandten, die im Dorf geblieben sind und hier leben. Es ist für sie dann wie ein Urlaub, der ihnen Erholung und Abwechslung zum Stadtleben bringt. Auch wenn hier Vieles nicht zeitgemäß und modern ist, bringt es andererseits eine gewisse Vertrautheit, Geborgenheit und Idyllik für die ‚neuen Städter‘.

‚Zurück zur Natur‘ oder ‚Leben auf dem Bauernhof‘ hat heute wieder Hochkonjunktur. Man lernt, mit der Natur zu leben und nicht gegen die Natur zu kämpfen. So entwickeln Kinder auf dem Lande eine andere Beziehung zu Tieren, indem sie lernen, sich ihnen gegenüber richtig zu verhalten und nicht – wie bei vielen Stadtkindern oft zu beobachten – nur das Gesetz des Stärkeren und Größeren anzuwenden.

Als Lehrerin habe ich oft erleben müssen, wie sehr heutzutage viele Stadtkinder den Bezug zur Natur verloren haben, sei es ihr Verhalten bei einer Wespe im Klassenzimmer – eine übrigens bei Lehramts-Referendaren höchst gefürchtete, ja ‚tödliche' Situation in einer Prüfungsstunde – oder der Anblick einer kleinen Spinne in der Turnhalle: Angst, Geschrei, Ekel, panisches Um-Sich-Schlagen und Draufschlagen sind fast immer die völlig unangemessenen Reaktionen. Falsches Verhalten, fehlende Empathie und fehlende Achtung vor Lebewesen werden ihnen leider allerdings schon oft von Erwachsenen vorgelebt.

Das alte Kastaniendorf

Nach dem kleinasiatischen Abkommen zwischen
Griechenland und der Türkei wechselten alle in
Kleinasien lebende Griechen und alle in Griechenland lebende Türken die Regionen. Dies geschah zwischen 1919 und 1922.

Nach der Emigration siedelten sich viele griechische
Familien in unterschiedlichen Gebieten Griechenlands an. Mein Opa Michael ließ sich in einer Gegend
nieder, die sich direkt am Fuß des gut über 2.000
Meter hohen Berges, der den Namen Beles bzw.
Kerkini trägt und als Grenze zwischen Griechenland
und Bulgarien dient, nieder. Da hier viele Esskas-
tanien wuchsen und gediehen, nannte man die kleine
Dorfsiedlung Kastanoussa (Kastaniendorf).

Nach dem Bürgerkrieg Anfang der 1950er-Jahre
zogen die Dorfbewohner drei Kilometer weiter süd-
lich vom Berg in Richtung Festland um, wo sich recht
schnell die Bewohner des alten Dorfes ein neues
Dorf bauten: das neue Kastanoussa. Hier gab es
nämlich eine Eisenbahnlinie zwischen Alexandroupolis und Thessaloniki – den zwei größten Städten in
Nordgriechenland, was für die Menschen ein enor-
mer Vorteil war. Der Zug fuhr einmal täglich hin und

zurück, sodass viele für den Weg zur Arbeit und zu sonstigen Erledigungen diese Verkehrsverbindung nutzten. Es gab ja keine anderen Möglichkeiten der Mobilität. Ein eigenes Auto konnten sich damals nur wenige leisten.

Durch die oben genannte Verbindung kam etwas Leben und Bewegung auf, denn das alte Dorf lag abgelegener und dadurch isoliert.

Auch die Felder im neuen Dorf waren besser zu beackern, da sie durch die Entfernung vom Berg steinfreier und ebener waren.

Zudem bombardierten die Nationalsozialisten viele Bereiche in der Region. Im Falle einer Zerstörung wäre der Wiederaufbau für betroffene Familien mit mehr Geld und Aufwand verbunden gewesen als ein Neuaufbau.

Die Verbindungsstrecke mit dem Zug gibt es heute leider nicht mehr. Der Grund dafür war ein schrecklicher Eisenbahnunfall mit vielen Toten und Verletzten. Die Strecke wurde daraufhin für die Zukunft gesperrt. Heute kann man jedoch mit einem Linienbus in beide Richtungen fahren. Es gibt mittlerweile aber auch eine mit EU-Fördergeldern gebaute Nationalstraße zwischen Thessaloniki und Alexandroupolis, die durch Kastanoussa führt und die man mit dem eigenen PKW befahren kann. Die alte Eisenbahnlinie erinnert heute mit ihren rostigen, über-wucherten und teilweise kaputten Schienen und Gleisen nur noch an vergangene Zeiten und wirkt wie ein Relikt aus einer Geisterstadt.

Die kleine Bahnhofshaltestelle ist verfallen, die gesamte Gegend ausgestorben und gespenstig.

Das alte Dorf bewohnten zur Zeit seiner Entstehung Menschen, die eine neue Heimat suchten. Zu diesen gehörten auch mein Opa Michael und seine Familie, die aus Izmir geflüchtet waren. Dazu zählten sein drei Jahre älterer Bruder Wassilios, der direkt nach der Ankunft am Hafen von Thessaloniki aus Versehen von einer Kugel zwei gegeneinander kämpfender Partisanengruppen getötet wurde, seine zwei Jahre ältere Schwester Eudokia und seine junge 14-jährige Gattin Stawroula, die er bei der Flucht kennengelernt und geheiratet hatte. Rasch und voller Hoffnung bauten die neuen Ansiedler außer dem eigenen Heim auch eine kleine Kirche und eine kleine Schule.

Die ca. 30 kleinen Häuschen, eher mit Hütten zu vergleichen, waren ganz einfach aus Lehm gebaut, besaßen nur ein bis zwei Zimmer sowie Garten und Stall für die Nutztiere.

Bis heute ist das alte Dorf für Einheimische und Besucher eine Attraktion geblieben, weil die Gegend wild und trotzdem schön ist. Die Zeit hinterließ an allen Gebäuden ihre Spuren, sodass nur noch Ruinen und eine üppig, völlig wild gewachsene Vegetation der Gegend einen verlassenen, abenteuerlichen Anblick geben. Die Kinder, die dort geboren wurden und aufwuchsen, erkennen heute ihr eigenes ehemaliges Zuhause kaum mehr wieder, während die Kinder der damaligen Kinder nicht mal wissen, wo welche Gebäude standen und was gar nicht mehr existiert. An diesem wild und zugewachsenen Ort überragen nur die wenigen sichtbaren Ruinen die Wildnis. Das Dorf wurde zwischen 1921 und 1930 zunächst durch Unruhen griechischer Partisanenkämpfe teilweise zerstört. Später, im Zweiten Weltkrieg, zeigten die Nationalsozialisten und deren Alliierte Präsenz in der Region. Viele Menschen starben bei Schießereien, zahlreiche Häuser wurden bombardiert. Der Boden in dieser Gegend ist voll mit zahlreichen Granaten und Bomben – Blindgänger, die überall verstreut eine große Gefahr darstellen.

Allein die kleine Kapelle im Zentrum des alten Dorfes, welche Maria, der Mutter Gottes, gewidmet war, blieb unbeschädigt. Ihre Erbauung erfolgte nach einer Vision, die mein Vater als 10-jähriger Junge damals hatte. Maria offenbarte sich meinem Vater im Traum und teilte dem Jungen mit, er möge mit seinem Vater zu dem kleinen Bach gehen, der direkt neben dem Garten floss. Unter dem großen Kastanienbaum direkt gegenüber solle der Vater 90 cm östlich vom Stamm entfernt graben.

An dieser Stelle befände sich eine Ikone, die Mönche bei einer Flucht vor 200 Jahren dort versteckt hätten. Die Ikone stelle Maria mit Jesus als Kleinkind auf ihrem Arm dar und solle zukünftig in der neuen Kapelle des Dorfes untergebracht werden.

Mein Vater erschrak durch diesen Traum, dessen Inhalt eindeutig als eine Botschaft gedeutet werden musste, rannte zu seinen Eltern und teilte ihnen alles mit. Am nächsten Tag erfüllte Opa den vermeintlich von Maria erteilten Auftrag. In der Tat fand er die Ikone Marias mit Jesus auf dem Arm. Sie war ungefähr 40 x 60 cm groß und noch in gutem Zustand, weil sie in Tierfell eingewickelt war und kaum Feuchtigkeit abbekommen hatte. Sie existiert bis heute noch. Man spricht ihr eine beschützende, ja sogar heilende Wirkung zu.

Im großen Vorgarten der Maria-Kapelle baute später mein älterer Bruder Wassili kurz vor seinem Tod eine Wasserzisterne, woraus immer kaltes frisches Bergwasser fließt. Hinzu kamen Sitzbänke mit Tischen und eine Überdachung für Besucher und Wanderer. Immer wenn ich in Kastanoussa bin, besuche ich gerne diesen Ort, wo Vergangenheit und Gegenwart verschmelzen.

Die Schule im Dorf war sehr klein: 10 Meter lang, 5 Meter breit. Ein Holzofen, 5 Sitzbänke für je zwei Schüler und eine kleine schwarze Tafel von ungefähr einem Meter Breite und ebensolcher Länge bildeten das spärliche Mobiliar. Im Winter musste jedes Kind ein Holzscheit zum Beheizen des Ofens mitbringen. Bis zur Zeit der schon bald aufkommenden Unruhen war alles ruhig und friedlich. Der Zweite Weltkrieg mit all seinen Schrecken für das Dorf brach aus und kurz danach wurde Griechenland von Querelen verschiedener politischer Parteien geplagt. Ein Bürgerkrieg entflammte, der auch in Kastanoussa seine Spuren hinterließ. Viele Häuser im Dorf wurden bombardiert, auch die kleine Schule mitten im Dorf wurde zur Hälfte zerstört. Nur die heilgebliebene Tafel und ein paar Kreidestücke zeugen heute noch davon. Eine Explosion in der Nähe der kleinen Maria-Kapelle sprengte das Dach des kleinen Gebäudes in Sekunden in die Luft. Die Ikone blieb wie ein Wunder unbeschädigt. Viele Dorfbewohner verloren in kurzer Zeit ihre Existenz, manche sogar ihr Leben. Dieses dunkle und traurige Ereignis traf noch weitere Dörfer der Präfektur Serres. Als es etwas ruhiger in der Region wurde, fassten die Menschen ihren letzten

Mut und entschlossen sich weiterzumachen. Der eine ging mit seinem Ochsen zum Feld die Erde pflügen, der nächste eggte mit seinem Esel seinen Garten, der nächste kam gar nicht mehr zurück: ein Blindgänger hatte ihn bei Feldarbeiten getötet. Fast jede vierte Familie hatte durch diese Altlasten der Kriege traurige Verluste zu beklagen.

Ich erinnere mich noch genau an einen Dorfbewohner namens Panos. Ich kannte ihn nicht, hatte ihn jedoch einige Male von Weitem gesehen. Ich wusste auch, dass er von den Dorfbewohnern den Spitznamen Kor-Panis (der blinde Panos) verpasst bekommen hatte. Warum man ihn so nannte, erfuhr ich erst viel später.

Ich spielte oft mit seiner Tochter Martha. In der Schule war sie meine Tischnachbarin. Sie besaß eine außerordentlich ausgeprägte Fantasie und war eine hübsche, sehr vorsichtige und schüchterne Maus. Viele Jungen verguckten sich in sie, doch sie hatte weder den Sinn noch die Lust, sich mit ihnen einzulassen. Irgendwie wirkte sie stets traurig und belastet. Wenn ich heutzutage an sie zurückdenke, fällt mir auf, dass ich das Mädchen selten habe lachen sehen. Nach der Schule blieb immer genug Zeit für Spiele und sonstige schöne Aktivitäten, die vom Angebot her sehr eingeschränkt waren; doch wir erfanden stets immer Beschäftigungen, die uns Spaß und Freude bereiteten.

Eines Tages – es war der 24.12., also Heiligabend – wollte ich Martha abholen, um zusammen mit ihr im Dorf von Tür zu Tür zu ziehen und den Hausbewohnern die Kalanta-Lieder (Lieder zur Geburt Christi) zu singen. Diese Sitte von Kalanta gibt es zwei Mal im Jahr: das eine Mal zu Heiligabend, das andere Mal zu Neujahr.

Am Heiligabend gehen Kinder in Gruppen von Tür zu Tür und besingen die kommenden Feiertage.

Dafür werden sie mit Süßigkeiten, Obst und heutzutage auch mit Geld beschenkt. Besonders begehrt sind bei den Kindern die speziell zu Weihnachten gebackenen Melomakarona (Honigmakronen) und die Kourabiedes (Mantelkekse). Als Kind hatte ich stets das Glück, ein bis zwei Teile von jeder Sorte als Geschenk beim Vorsingen der Weihnachts-Kalanta-Lieder zu ergattern. Der intensive Geschmack nach Mandeln, Honig und Orangen liegt mir bis heute noch auf der Zunge.

Wie am Heiligabend werden auch am 31. Dezember Kalanta-Lieder vorgetragen. Diesmal sind es jedoch die Neujahrs-Kalanta-Lieder. Kinder gehen allein oder in Gruppen von Haus zu Haus und überbringen den Hausbesitzern diesmal die Nachricht von der

Ankunft des Neuen Jahres und des Heiligen Vassilis. Da diese Gesänge gleichzeitig auch Segenswunsch für das Haus und dessen Bewohner sind, werden die Kinder wieder mit Süßigkeiten und Geld belohnt. Bei den griechischen orthodoxen Christen bringt der Heilige Vassilis die Geschenke, ähnlich wie der Weihnachtsmann bzw. das Christkind bei anderen Christen. Zu Ehren des Heiligen Vassilis wird die Vassilopita (Neujahrskuchen) gebacken und am 1. Januar vom Hausherrn nach einem bestimmten Ritual geschnitten und verteilt. Im Kuchen wird vorher ein Geldstück eingebacken und derjenige, der es in seinem Kuchenstück findet, gilt als Glückspilz für das ganze Jahr.

Aber zurück zu Marthas Vater:
Am Heiligabend Mitte der 1960er-Jahre klopfte ich an Marthas elterliche Haustür an, um sie abzuholen. Ich erschrak, als ich ihren Vater zum ersten Mal aus der Nähe sah. Ein kleiner glatzköpfiger Mann mit einer körperlichen Behinderung stand mir gegenüber. Sein rechtes Auge war bedeckt von einer schwarzen Augenklappe, der rechte Unterarm fehlte komplett. Nur ein Stumpf ragte aus dem Ärmel hervor. Der Mann lächelte mich freundlich an und rief seine Tochter herbei. Geschockt, aber auch von Mitleid ergriffen, bedankte ich mich bei Kor-Pani, schnappte

mir Marthas Hand und wir beide machten uns zusammen auf den Weg zum Kalanta-Singen.

Unterwegs erzählte mir meine Freundin vom schrecklichen Schicksal ihres Vaters. Bei Feldarbeiten sei er auf eine Granate gestoßen und in die Luft geschleudert worden. Er hatte noch Glück im Unglück. Nachdem er den Sprengkörper entdeckt hatte, wollte er ihn beiseiteschieben. Doch die Granate war nicht entschärft, sondern noch höchst explosiv. Als er die Gefahr erkannte, war es bereits zu spät. Der Blindgänger ging los und schleuderte ihn meterhoch in die Luft und fast sieben Meter weit weg. Nur ganz knapp entging er dem Tod. Wäre er einen Meter weiter aufgekommen, wäre er mit dem Kopf genau auf einem großen Felsen, der am Rand seines Ackers lag, aufgeprallt.

So kam er mit etlichen Knochenbrüchen, dem Verlust seines rechten Auges und seines rechten Unterarmes davon. Später erhielt er von der Regierung eine kleine Behindertenrente, damit er seine Familie – zwei Kinder und seine Frau – versorgen konnte.

Die Wunden heilten nur langsam, eine ärztliche Versorgung war finanziell nicht zu bezahlen. Zu den körperlichen Schäden kamen noch die psychischen Probleme. Panos fühlte sich schwach und einsam.

Er verlor seinen Lebensmut und konnte anfallende Arbeiten auf den Feldern nicht mehr erledigen. Er nannte sich selber oft einen Krüppel und kam sich als Nichtsnutz vor, wofür er sich schämte. Seine Familie, die Nachbarn, ja alle im Dorf versuchten ihm dies zwar auszureden, doch er wurde immer depressiver und eines Tages fand man ihn tot in seinem Bett. Es hat geheißen: Sein Herz sei gebrochen.

Er hinterließ seiner Frau einen Brief, in dem u. a. stand, er habe am meisten darunter gelitten, dass er seine Kinder nicht mehr richtig in den Arm nehmen, sie drücken und mit ihnen spielen konnte und dass er sich vor ihr, seiner Gattin, geschämt habe, weil er durch die Folgen des Unfalls seine Männlichkeit verloren habe. Er wolle und könne so nicht mehr weiterleben. Die Szenen der Explosion würden ihn verfolgen, er wünsche sich einmal eine Nacht, in der er ohne Ängste schlafen könne. In dieser Nacht schlief er für immer ein. Seine Frau fand ihn kalt und erstarrt auf dem Strohbett in der Küche. War es Selbstmord? Diese Frage wurde nie geklärt.

Eine Vermutung blieb unausgesprochen bei den Menschen im Dorf zurück: Seine Frau habe die Zeilen aus seinem Brief wahrscheinlich lange verschwiegen, um den Verdacht auf einen Suizid auszuräumen. Dies macht insofern Sinn, da Kor-Panis als Selbstmörder nach dem griechisch-orthodoxen Glauben kein kirchliches Begräbnis erhalten hätte, was bei den Leuten im Dorf als eine Sünde viel negatives Gerede ausgelöst hätte.

Am Tag der Beerdigung schwiegen alle Anwesenden. Zur Armut kam das Schicksal, das Panos zum Krüppel machte und schließlich die daraus resultierende Einsamkeit. Vielleicht hätten er und seine Familie ein anderes Leben gehabt, wenn dieser Schicksalsschlag mit der Explosion des Blindgängers nicht passiert wäre.

Die traurige Geschichte dieser doch recht relativ jungen Familie quälte die Dorfbewohner noch lange Zeit. Alle wussten, dass der Boden in der Region um Kastanoussa herum voll mit Blindgängern war, doch niemand kannte sich damit aus, diese zu entschärfen. Es war mein Vater, der per Zufall irgendwie herausgefunden hatte, wo man Blindgänger findet und wie man diese unschädlich macht.

Aufgrund dieser seiner Fähigkeit erhielt er vom damaligen, an der Grenze stationierten griechischen Militär den Auftrag, nach Minen zu suchen und diese zu entschärfen. Die Bezahlung dafür hielt sich in Grenzen, die Gefahren dagegen nicht. Nach ersten Versuchen ließ er die Behörden wissen, dass er diese Arbeit nicht mehr fortsetzen wolle. Im Nachhinein war dies wohl gut, denn wer weiß, was sonst geschehen wäre.

Trotz der schlimmen Ereignisse nahm der Alltag im Dorf bald wieder seinen normalen Lauf, bis der nächste Schicksalsschlag die nächste Familie traf: Lukas, der Bruder einer Klassenkameradin, ertrank in einem nahegelegenen See, Doirani genannt. Mit seiner Schwester Niki hatte ich oft meine Freizeit verbracht.

Eines Sommertages saßen wir zusammen unter einem Kirschbaum im Vorgarten ihres Elternhauses. Der Baum war riesengroß und breit und trug jedes Jahr köstliche Früchte, die zuckersüß schmeckten und erfrischend waren. Da ich gut klettern konnte, kam ich problemlos auch an höhere Äste und Zweige heran, an denen die süßen reifen Früchte hingen. Wir aßen Kirschen und spielten anschließend mit den Kernen ,Kernweitspuck' – selber erfunden und so genannt. Wer am weitesten kam, war der Gewinner. Ein anderes Lieblingsspielzeug von uns waren die Steinmurmeln, Lintsia genannt. Dafür suchten wir uns sechs kleine und gleichgroße runde Steine aus. Die Spielregeln waren wie folgt: Mit einem Wurf verteilte man alle Steinchen auf einer glatten Fläche, z. B. einem Tisch oder einem ebenen Boden.

Anschließend suchte man sich einen aus den sechs verteilten Steinchen aus, den man dann hochwarf. Danach versuchte man mit der frei gewordenen Wurfhand mindestens zwei von den auf dem Boden liegenden Steinchen schnell aufzugabeln, diese dann beiseitezulegen und den hochgeworfenen Stein aufzufangen, bevor dieser wieder den Boden erreichte. Insgesamt hatte man pro Runde drei Versuche.

Gelang es einem, alle Steine zu erhaschen, hatte man gewonnen. Schnelligkeit und Geschicklichkeit waren bei diesem Spiel erforderlich.

Heutzutage ist unvorstellbar, welche Ausdauer wir dabei aufbrachten und wie lange und intensiv wir mit diesen Steinchen spielten.

An einem Samstagmorgen, kurz vor Beginn der Sommerferien, geschah das Unglück. Nikis Bruder Lukas, 13 Jahre alt, wollte mit Freunden zum See Doirani, drei Kilometer von Kastanoussa entfernt.

Für viele Bauern bot dieses Gewässer nach harter und anstrengender Feldarbeit eine willkommene Abkühlung. Da der See im Uferbereich relativ flach war, durften auch Kinder hier im Wasser plantschen und spielen.

Es war heiß, bereits ab 9.00 Uhr morgens schon brannte die Sonne unbarmherzig vom stahlblauen Himmel herab. Der Wunsch nach Abkühlung war da.

Lukas und seine Freunde freuten sich auf das Wasser, um Spaß und Spiel darin zu genießen. Einer der Jungen nahm seinen eigens dafür neu gekauften Wasserball mit und los ging es. Schwimmen konnte keiner von ihnen. Dies brauchte man vermeintlich auch nicht zu können. Der See mit seinem ruhigen und klaren Wasser galt als ungefährlich. Spaßhaft hörte man oft den Spruch ‚Darin ertrinken höchstens die Fische'.

An jenem Morgen war auch Psaras, so nannte man den Fischer des Dorfes, unterwegs mit seinem kleinen Fischerboot. Er fischte hier alle zwei Tage und verdiente sich mit dem Verkauf seines Fanges seinen bescheidenen Lebensunterhalt. An diesem Samstagmorgen traf Psaras Lukas und seine Freunde am Strand, winkte den Jugendlichen zu und segelte weiter in die Richtung, wo er seine Netze am Abend zuvor ausgelegt hatte. Er war der letzte Mensch, der außer den Freunden Lukas noch lebend sah.

Am Abend kehrte der Junge nicht mehr nach Hause zurück. Alle Suchaktionen blieben ohne Erfolg. Erst zwei Tage später entdeckte der Fischer Lukas' Leiche im dichten Gestrüpp am Ufer des Sees. Hier war der leblose Körper des Jungen zwischen Schilf und Felsen hängengeblieben. Wahrscheinlich war Lukas in Schlingpflanzen geraten und von ihnen nach unten gezogen worden, wobei er als Nichtschwimmer sofort unterging. Niemand hatte ein Schreien gehört. Niemand hatte den Jungen rechtzeitig vermisst.

So idyllisch die Gegend in und um das alte Dorf Kastanoussa ist, so gefährlich ist sie auch. Die Gefahren lauern überall und kommen unverhofft und ohne Vorwarnung.

Von Schuld und Schicksal

Opa Michael besaß – wie viele Bauern in Kastanoussa – Felder, die unterschiedlich groß waren und teilweise auch weit auseinanderlagen. Eines davon befand sich direkt an der Hauptstraße, welche die Städte Thessaloniki und Serres verbindet. Dieses Feld übertrug Opa später seiner zweiten Frau Eucharia als ‚Aussteuer' und zur Absicherung, falls ihm plötzlich etwas passieren sollte und sie mittellos dastünde. Es lag 30 Minuten Fußweg entfernt von unserem Haus. Durch seine günstige Lage an der Hauptstraße ist dieses Feld bis heute noch für viele Bauern und auch Investoren attraktiv und begehrt. So manch ein Interessent würde es gern kaufen, weshalb die Preisangebote immer noch recht gut sind.

Der Acker ist leicht zu bewirtschaften und ergibt eine gute Ernte. Zur Bewässerung dient das Wasser einer Quelle nah an der nördlichen Seite des Feldes. Sie liefert reichlich frisches Wasser, das als Bächlein mitten durch die Felder fließt und zum Bewässern genutzt werden kann. Als Allgemeingut kann dieses Wasser selbstverständlich von allen Bauern, deren

Äcker in der näheren Umgebung liegen, nach Absprache genutzt werden.

An einem Morgen im Juni nahm Opa meinen Bruder Wassili und mich mit zu diesem Feld.

Das Ausbuddeln der Kartoffeln stand an und wir sollten dabei mithelfen. Auch wenn wir noch Kinder waren, kannten wir uns mit vielen landwirtschaftlichen Arbeiten schon gut aus und halfen im Rahmen unserer Möglichkeiten mit. In ländlichen Regionen werden Kinder zwangsläufig früh mit der Arbeit der Eltern konfrontiert. Sie lernen schnell und fast spielerisch im Alltag viele Tätigkeiten kennen, wodurch sie anfangs bereits leichte und später dann auch schwierigere Sachen allein erledigen können.

‚Übung macht den Meister' heißt das Prinzip, und wenn jemand früh damit beginnt, sich an Arbeiten zu versuchen und auszuprobieren, zahlt sich dies später aus. Die Dorfbewohner pflegen zu sagen ‚Apo mikros prepi na zimothis me ti doulia', was übersetzt etwa bedeutet ‚Man muss schon jung die Härte der Arbeit spüren'.

Schon früh war abzusehen, dass es ein heißer Tag werden würde. Bereits bei Sonnenaufgang schien die Sonne unbarmherzig aufs Dorf. Die Luft war drückend und feucht. Wir brachen früh auf, um die geplante Arbeit so schnell wie möglich hinter uns zu bringen und der ansteigenden Hitze zu entgehen. Als erfahrener Bauer ahnte Opa, dass ein Gewitter in der Luft lag und riet zur Eile.

Nach der Arbeit auf dem Feld, als wir mit dem Kartoffelsammeln fertig waren, begaben wir uns auf den Heimweg. Den gefüllten Kartoffelsack warf Opa auf seinen Rücken und spornte uns an, schneller zu gehen.

Der Himmel änderte immer mehr sein freundliches Gesicht. Dunkle Wolken kamen auf und schon bald hörte man in der Ferne das Grollen des Donners. Während wir unseren Schritt verdoppelten, verdunkelte sich der Himmel immer mehr und das Gewitter kam näher.

Dann brach es los. Der Himmel öffnete seine Schleusen und Blitze zuckten in kurzen Abständen, begleitet von gewaltigem lautstarkem Donner, vom Himmel herab. Völlig durchnässt hielten wir verzweifelt Ausschau nach einem möglichen Unterstand.

So ein Glück! In einiger Entfernung nahmen wir wie durch einen Schleier, der durch den Regen und die aufsteigenden Dämpfe vom Boden alles nur schemenhaft erkennen ließ, undeutlich einen verlassenen, verfallenen Stall wahr. Als wir abgehetzt und von Nässe triefend diesen ersehnten Unterschlupf erreicht hatten, sahen wir, dass das Dach zum Großteil schon eingebrochen war, sodass uns nur eine kleine Ecke blieb, an der man Schutz vor dem Unwetter finden konnte. Doch, auch wenn es vom kaputten Dach durch die Ritzen ab und zu tropfte, waren wir dankbar, einen halbwegs schützenden Unterstand erreicht zu haben.

Der Stall gehörte ehemals einem Schäfer, der uns als Onkel Perikles vertraut war. Er war bereits vor Jahren gestorben und mit ihm verging auch all sein Hab und Gut, da er keine Erben hatte, die seine Arbeit hätten übernehmen können.

Opa drängte uns in die noch einigermaßen trockene Ecke des verfallenen Stalls. Zunächst goss es weiterhin wie aus Eimern, es blitzte und donnerte. Die Angst ließ uns eng aneinanderrücken und Opas Körpernähe spüren wollen. Diese Situation löste bei dem Alten eine Erinnerung an ein vor Jahren geschehenes Unglück aus. Vielleicht nicht zuletzt, um uns auch abzulenken und die Angst zu nehmen, begann er, die Geschichte vom Schicksal des Alekos zu erzählen, der genau wie wir bei ähnlichem Unwetter Schutz suchte.

Eigentlich hörte dieser auf den Namen Alexandros und Alekos war sein Spitzname. Er wollte Holz aus dem nahegelegenen Wald holen. Damals kochten und heizten die Dorfbewohner alle mit Holz, was dadurch ein wichtiges, ja notwendiges Material für ihren Alltag war. Als er genug Holz als Vorrat für die kommenden Tage gehackt und gesammelt hatte, band er dies zu einem Bündel, verließ damit den Wald und begab sich auf den Weg nach Hause.

Unterwegs geriet er in ein heftiges Gewitter. Weit und breit konnte er keinen Unterschlupf finden. In seiner Not flüchtete er vor dem unentwegt niederprasselnden Regen unter eine Platane, die am Wegesrand stand. Hier wartete er mit dem Holz auf dem Rücken und der Axt in der Hand auf das Nachlassen des Regens und das Ende des Gewitters. Plötzlich durchschnitt ein gewaltiger Blitz den Himmel in zwei Teile und traf den unter dem Baum schutzsuchenden Mann.

Am Abend, als man ihn vermisste, fand man seine Leiche und rekonstruierte, was geschehen war. Die Axt, die Alekos zum Holzhacken mitgenommen hatte, hatte den Blitz angezogen und den mehrfachen Familienvater auf grausame Weise getötet. Inwieweit war er mitschuldig an seinem Tod? Inwieweit war es Schicksal?

Alekos hinterließ eine Frau und vier kleine Kinder. Die zwei älteren kamen in ein Waisenhaus in Thessaloniki, die zwei jüngeren blieben bei der Mutter im

Dorf. Mit der jüngsten Tochter Petroula wurde ich später zusammen eingeschult und kam in die gleiche Klasse wie sie. Ich konnte sie gut leiden. Sie besaß ein freundliches Wesen, ihr Blick aber war immer traurig und sie traute sich kaum zu lachen. Es schien, als habe sie durch den tragischen Tod des Vaters einen Knacks für ihr ganzes Leben bekommen.

Alle Kinder des Verunglückten schafften es später, einen guten Beruf zu erlangen. Sicherlich zog der Verlust des Vaters für die ganze Familie eine sehr schwierige Zeit nach sich. Doch die Kinder waren motiviert und hatten den Willen und die Kraft, auch ohne die Unterstützung des Vaters ihren Weg zu machen.

Denke ich heute zurück an meine Kindheit in Kastanoussa, fällt mir ein weiterer tragischer Fall ein, bei dem mir allein schon der Gedanke daran eine Gänsehaut macht.

Kostas, ein lieber Nachbar, wohnte zwei Häuser weiter von uns. Mit 17 Jahren hatte er eine 16-jährige Nachbarstochter geschwängert. Eine Abtreibung kam aus religiosen Gründen nicht infrage. Der moralische Druck im Dorf verlangte eine Heirat. Somit sah sich Kostas gezwungen, Alexia zu heiraten. Seine junge Frau gebar einige Monate darauf Zwillinge.

Dies Ereignis entwickelte sich zunächst einmal gar nicht zu seinem Nachteil; denn erstens stand ihm als junger Familienvater eine staatliche finanzielle Unterstützung zu und zweitens wurde er als mehrfacher Familienvater dadurch vom Militärdienst befreit, der in Griechenland für alle Männer Pflicht ist. Zwei Jahre später kamen in der Familie nochmals Zwillinge zur Welt, in einem weiteren Abstand von zwei Jahren ein geistig behindertes Mädchen und als letztes der kleine Nikos.

An einem Herbstmorgen – der kleine Junge konnte soeben laufen und war in einem Alter, in dem Kinder besonders drollig sind – bereitete sich Kostas auf die anstehenden Feldarbeiten des Tages vor. Dorthin wollte er mit seinem Traktor fahren, welchen er aus Sicherheitsgründen im Hof geparkt hatte. In der letzten Zeit war es nämlich öfter vorgekommen, dass verschiedene Maschinen oder Fahrzeuge, die unbeaufsichtigt auf der Straße standen, von Dieben gestohlen wurden. Der einzige Polizist im Dorf war zu der Zeit regelmäßig wegen solcher Fälle unterwegs.

Man ging davon aus, dass die Diebe aus dem benachbarten Jugoslawien bzw. Bulgarien, Ländern, deren Grenze lediglich eine bis zwei Stunden vom Dorf entfernt lag, kamen.

Kostas musste seinen Traktor rückwärts aus dem Hof rangieren, um auf die Hauptstraße zu gelangen. Dabei kam es zu dem tragischen Unglück. Er sah nicht, dass sein kleiner Sohn hinter dem Vater hergelaufen war, weil er mit ihm ‚taita‘ (spazieren) fahren wollte. Das Fahrzeug überrollte mit seinen überdimensional großen Rädern das Kind. Nikos war sofort tot. Kostas hatte seinen eigenen Sohn getötet. Ein Drama für die Familie, ein Martyrium für den Täter! War es seine Schuld, dass er den Sohn übersah? War er ein Mörder, weil er das Kind überfahren hatte? War es Schicksal?

Ein griechisches Sprichwort sagt: „Was die Minute bringt, bringt die gesamte Zeit nicht". Wer mag solch eine Tat richten?

Nach der Beerdigung seines Sohnes lebte Kostas sehr zurückgezogen und mied Kontakte mit Menschen. Die Schuldgefühle am Tod seines Kindes nagten an ihm und ließen ihn nicht los. Sechs Monate später warf er sich vor einen Zug auf die Gleise. Die Räder des Zuges überrollten ihn tödlich, genau wie die Räder des Traktors ein halbes Jahr zuvor seinen kleinen Sohn überrollt hatten.

Dem Mitleid und der Solidarität der Dorfbewohner war es zu verdanken, dass die Hinterbliebenen die Genehmigung der griechisch-orthodoxen Kirche erhielten, dass Kostas eine reguläre kirchliche Beerdigung bekommen konnte. Selbstmörder wie auch Menschen, die sich nach ihrem Tod einäschern lassen, finden in der griechisch-orthodoxen Kirche keine Toleranz. Ihnen wird in der Regel der kirchliche Beistand mit all den dazugehörigen Ritualen verweigert. Kostas wurde neben seinem von ihm aus Versehen getöteten Sohn beigesetzt, in der Hoffnung, seine Seele möge Ruhe finden und Gott ihm den Doppelmord vergeben.

Viele Jahre später besuchte ich als junge Studentin in meinen Semesterferien meine Verwandten in Kastanoussa. Hier wurde ich direkt, allerdings als Außenstehende, mit einem Unglück konfrontiert, das mir sehr nahe ging, zumal mein jüngerer Bruder Michael daran beteiligt war.

Es war der 15. August, Marias Verkündung – ein großer Feiertag in der griechischen Orthodoxie. Die große Kirche in der Kleinstadt Rodopoli, die drei Kilometer von Kastanoussa entfernt liegt, ist Maria, der Mutter Gottes, gewidmet. Schon am Vorabend bereiten sich jedes Jahr die Menschen auf das Fest vor. Auf dem Frühmarkt werden frische Lebensmittel wie Obst, Gemüse und Brot verkauft. Geschäftsleute stellen zusätzliche Stühle und Tische in den überdachten Vorgärten ihrer Lokale auf, Musikkapellen werden bestellt und Anlagen für Musik und Tanz aufgebaut. Ein großes Volksfest wird geplant und vorbereitet. Viele Einheimische und auch Besucher aus Nachbardörfern kommen an diesem besonderen Tag hier zusammen. Am Abend wird gegessen, getrunken und getanzt. Am nächsten Tag, dem Feiertag, wird nach der Kirchenmesse weiter gefeiert. Die Stimmung ist ähnlich wie auf einer Kirmes. Es ist ein Fest der Freude, der vielen Begegnungen und ja, für manche junge Leute des Kennenlernens und Flirtens mit anderen Gleichaltrigen.

Michael fuhr am Vorabend von seinem neben dem Elternhaus gelegenen Haus mit seinem kleinen Transporter, den er sich kurz zuvor erst angeschafft hatte, zum Großmarkt nach Rodopoli. Hier wollte er Waren für seinen kleinen frisch eröffneten Supermarkt in Kastanoussa einkaufen. Für ihn sollte es ein neuer Start mit dem Versuch des Aufbaus einer neuen Existenz werden. Nach seinem Abitur hatte er seinen Militärdienst absolviert und anschließend zwei Jahre den Eltern bei ihren landwirtschaftlichen Tätigkeiten geholfen.

Schnell merkte er, dass dies nicht seinen Vorstellungen entsprach. Nachdem er geheiratet und eine Familie gegründet hatte, wurde ihm mit seinen nunmehr 24 Jahren bewusst, dass er kein Landwirt werden wollte und entschied sich, neue Wege zu gehen.

Die Eröffnung eines kleinen Supermarktes an einer Stelle des Dorfes, wo es keine Einkaufsmöglichkeiten für die Dorfbewohner gab, schien ihm eine gute Chance zu bieten.

Um Zeit zu sparen, fuhr er nicht über die Hauptstraße zwischen Kastanoussa und Rodopoli, sondern er nahm den Feldweg, der eine vermeintliche Abkürzung ausmachte.

Dieser war eine nicht ausgebaute, nicht asphaltierte, mit Schotter und unzähligen Schlaglöchern durchsetzte gefährliche Strecke. Allerdings erschien sie ihm kürzer und er kannte diese Strecke wie im Schlaf. Nach seinen Einkäufen genehmigte sich Michael einen Kaffee in einem von ihm schon öfter besuchten Kafenion, wo er zufällig einen jungen Kollegen traf, mit dem er vor wenigen Jahren seinen Militärdienst abgeleistet hatte. Es gab viel zu erzählen. Man hatte sich lange nicht gesehen und nichts voneinander gehört.

Adressen wurden ausgetauscht und Pläne für ein eventuelles Wiedersehen geschmiedet.

Niemand merkte, wie die Zeit verging. Michael musste sich beeilen. Er geriet unter Zeitdruck, da er noch im Hellen zu Hause ankommen wollte, um seine Waren auszuladen und einzuordnen.

Wieder nahm er die gewohnte Abkürzung, diesmal jedoch etwas schneller. Auch waren seine Gedanken noch immer bei all dem, was er von seinem so völlig unerwartet wiedergetroffenen Kollegen alles erfahren hatte.

Plötzlich knallte etwas mit großer Wucht gegen die Vorderfront seines Autos. Mit ungeheurem Krach zerschlug irgendetwas die Vorderscheibe, wurde durch den Innenraum des Wagens geschleudert und mit voller Kraft durch das hintere Autofenster wieder hinaus. Blut spritzte, Körperteile flogen durch die Luft. Dies alles ging so schnell, dass Michael erst jetzt realisierte, dass er mit einem Pferd zusammengestoßen war. Das Tier war auf der Stelle tot. Nachdem das Auto sich überschlagen hatte, kroch Michael aus dem noch dampfenden Wrack heraus. Wie durch ein Wunder hatte er den Unfall mit einem Bruch seiner rechten Hand und mehreren kleineren blutenden Blessuren überlebt.

Ein furchtbarer Anblick bot sich Minuten später einem mit seinem Traktor vorbeifahrenden Bauern, als dieser an der Unfallstelle eintraf: ein neben dem Auto blutend am Boden liegender Fahrer umgeben von zahlreichen blutigen Kadaverteilen eines Pferdes.

Das frei grasende Pferd hatte den Feldweg überqueren wollen und war dabei voll ins Auto meines Bruders gelaufen.

Noch am gleichen Abend erfuhr ich, die ich im Hause meiner Eltern, wo ich die wenigen Tage meines Aufenthalts verbrachte, wohnte, von dem schrecklichen Unglück. Der Bauer hatte den Verletzten sofort zum Arzt nach Rodopoli gebracht und dieser hatte einen Krankenwagen bestellt, der Michael ins Krankenhaus nach Serres fuhr. Der behandelnde Arzt des Krankenhauses rief noch spätabends bei unseren Eltern an und teilte mit, dass ihr Sohn Glück im Unglück gehabt habe. Er müsse allerdings weiterhin noch ärztlich versorgt werden und zwei Tage im Krankenhaus verbringen. Den Verwandten wäre es aber erlaubt, Michael am nächsten Tag zu besuchen.

Wie groß Michaels Anteil von Schuld an diesem schrecklichen Ereignis war, darüber mag ich als schicksalsgläubiger Mensch und als seine Schwester nicht urteilen.

Autorenportrait

Stawroula Exouzidou

- geboren am 22.08.1957 in Kastanoussa, Griechenland

- 1976 Abitur in Griechenland

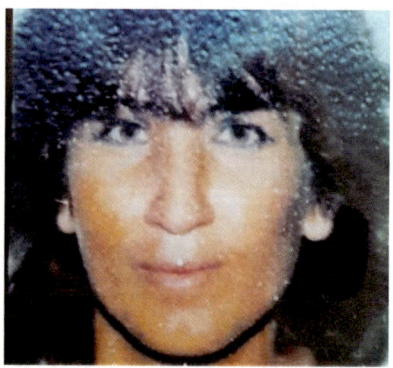

- 1977 bis 1978 Studienkolleg in Münster
- 1978 bis 1983 Studium an der Ruhr-Uni Bochum mit der Fächerkombination Germanistik und Sport für das Lehramt Sek. I und II
- 1984 bis 1986 Referendariat für das Lehramt in Paderborn
- 1987 bis 2023 Lehrerin für Deutsch, Sport, Religion und Neugriechisch in Essen

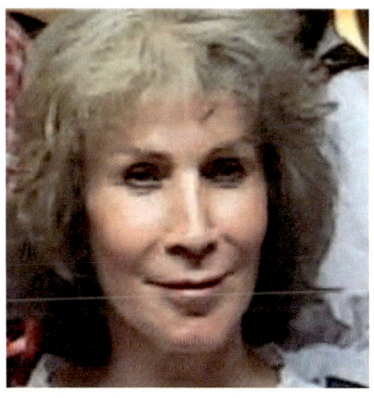

- Mitautorin bei der Entstehung der vorläufigen Richtlinien und Lehrpläne in Neugriechisch für die Sek. I, herausgegeben vom Kultusministerium des Landes NRW, 1994
- Mitautorin des Schulbuchs „Unser Griechisch", Teil 1, herausgegeben vom Landes-

institut für Schule und Weiterbildung NRW in Zusammenarbeit mit dem griechischen Erziehungsministerium in Athen, 1995

- Mitautorin des Schulbuchs „Unser Griechisch", Teil 2, herausgegeben vom Landesinstitut für Schule und Weiterbildung NRW in Zusammenarbeit mit dem griechischen Erziehungsministerium in Athen, 1997

- Mitautorin des Schulbuchs „Unser Griechisch", Teil 3, herausgegeben vom Landesinstitut für Schule und Weiterbildung NRW in Zusammenarbeit mit dem griechischen Erziehungsministerium in Athen, 2001

- Mitautorin des Schulbuchs „Unser Griechisch", Teil 4, herausgegeben vom Landesinstitut für Schule und Weiterbildung NRW in Zusammenarbeit mit dem griechischen Erziehungsministerium in Athen, 2003

- Mitautorin des Medienpakets „Dich betrifft es! – Stoppt die Gewalt!" des Liedermachers und Schriftstellers Jörg Lehwald, Mildenberger Verlag 2006

Danksagung

Mein besonderer Dank

für den Anstoß zur Entstehung des Buches

und der Unterstützung daran

mit Rat und Tat

gilt

Jörg Lehwald

.